本能寺の変の首謀者はだれか

信長と光秀、そして斎藤利三

桐野作人

吉川弘文館

はじめに――本能寺の変はどのように論じられてきたか

本能寺の変がなぜ起きたのか、いいかえれば、明智光秀が謀叛(むほん)を起こした動機はなんだったのか、現代人の私たちにはまず感覚的にわからないことが多い。

それにはおそらく理由がある。ひとつは、当時すでに「不慮謀叛」(突然の謀叛)と呼ばれているほど、謀叛が予兆や伏線もなくて、あまりに突発的にみえることである。次に、光秀は牢人の境遇から信長によって国持大名に引き立てられたほど非常な恩恵を蒙(こうむ)っていたわけで、当時の主従関係からすれば、光秀の行動がとても不可解に映るからであろう。事件からさほど時間がたっていない江戸時代はじめの人びとのあいだでも同じだったようで、早くも荒唐無稽なものを含めてさまざまな俗説が登場し、のちには歌舞伎にまで脚色されたほどで、事の真相からますます遠ざかることになった。

謀叛の真相を学問的に解き明かそうという動きが出てきたのは、ようやく大正時代になってからである。言論人で歴史家の徳富蘇峰は大著『近世日本国民史』において、山路愛山の武田勝頼との通(つう)牒(ちょう)説や『明智軍記』にある近江・丹波召し上げ説などを俗説として切り捨てたうえで、「自ら信長に取つて代るも、亦(ま)た丈夫(ますらお)快心の事」として、光秀の野望説を提示したのである。

戦後になって、この問題を本格的に論じたのは高柳光寿氏である。高柳氏は近世になってから成立したさまざまな俗書による怨恨(えんこん)説を斥けたうえで、「光秀も天下がほしかった」として、蘇峰とほぼ同様に、野望説を主張したのである。高柳氏はその根拠として次の四点をあげた。

①これ以上の地位の上昇は望めず
②羽柴秀吉との競合――甥秀次の養子問題
③信長の四国政策の転換による疎外感
④信長の冷酷な性格

高柳氏についで、新たに怨恨説を基調とした仮説を打ち出したのが桑田忠親氏だった。桑田氏は高柳氏の野望説を観念的だとして否定したうえで、ルイス・フロイスが著した『日本史』にある、信長が光秀を足蹴(あしげ)にしたという記事をもっと重視すべきだと主張した。もっとも、桑田氏も、高柳氏の③を無視できなかったのか、「武道の面目を立てるための叛逆」として広義の怨恨説に含めているように思われる。

高柳・桑田両氏の所説は、その後の本能寺の変研究に大きな影響を与えて定説となり、現在でも古典的地位を占めている。

しかし両氏の仮説には、光秀の謀叛理由を個人的な性格や感情に帰結させる傾向が強いという方法論上の限界が目立った。謀叛がすぐれて政治的行為である以上、その真相も政治的に究明されなければならない。当然、光秀の謀叛もその人間性の問題にとどまるはずがなく、なんらかの政治的動機や政治的背景が存在するのではないかと想定するのが当然であろう。

そのような問題意識に立てば、たとえば、信長の進める「天下布武」と光秀のめざすものが食い違ってしまったのか、あるいは信長の権力が専制的に強化される過程で光秀の地位や既得権益が失われたのか、あるいは右のような信長との矛盾・対立を前提にして、光秀が織田権力に敵対する外部勢力とひそかに提携したのか、といった疑問がすぐ思い浮かぶ。

もっとも、織豊期の研究者のあいだでは、本能寺の変を学問的に究明する動きは一貫して低調だった。本能寺の変が起きようが起きまいが、織豊権力から近世幕藩体制の成立という歴史の流れは基本的に変わらないだろうという認識が彼らにあったからだろう。私もそうした見方にさほど異議はない。だから、ありていにいえば、研究者にとって本能寺の変はおいしくないテーマなのである。しかも、一般の歴史ファンや好事家の興味の対象として手あかがつきすぎているというのも研究者に敬遠された理由のひとつだろう。

たしかに織田権力と豊臣政権の関係は断絶性よりも連続性、発展性が主要な側面であろう。しかし、その結論に安住していいのだろうか。両者は理念的もしくは政策的な連続性や発展性があるといっても、たとえば、公武関係のあり方は相当の差異がみられる。信長は晩年になるにつれ、天皇や官位を政治的に利用しなくなる傾向が強いのに対し、秀吉は政権樹立の起点から天皇と官位を積極的に利用し、最終的には官位制度の頂点に位置することによって豊臣政権の権力秩序を完成させている。権力編成のしかたという重要な面で両者のあいだの差異は厳然と存在している。それを無視してよいことにはならないだろう。

また、本能寺の変の真相を究明することで、織田権力内部における固有の矛盾のありようや織田権力末期の実態を逆照射できるという効能もあるかもしれない。信長と光秀の対立をそうした観点からとらえることも重要だろう。

ところで、私は十五年前に『信長謀殺の謎』を上梓した。右のような問題意識を抱く以前で、『兼見卿記』天正十年分が別本・正本の二種類あることなどを根拠に、公家衆の一部に不可解な動きがあるとして、本能寺の変の背後に朝廷・公家の関与があったのではないかという素朴な疑問を提示してみた。この前著が結果として、さまざまな黒幕説を叢生させる嚆矢になったが、いまとなっては忸怩たる思いでいっぱいである。

前著の最大の欠陥は、信長と朝廷が対立関係にあったという実証抜きの前提に立ち、一部の公家の不可解にみえる行動だけを取り出し拡大解釈することによって朝廷関与説を組み立てたことである。その後、公武関係の記事が多い『晴豊公記』の輪読会に参加して、朝廷と信長の種々の交渉をつぶさに知るうちに、織田権力期に深刻な公武対立があったとはとうてい考えられず、公武協調が基調であるという感触をもつにいたった。そして、信長時代の公武関係を具体的かつ包括的にとらえたうえでなければ、軽々に朝廷の関与を云々できるはずがないことに気づかされたのである。その意味で、前著は転倒した方法論にもとづいたものであり、したがって、結論もおのずと的はずれになってしまったといわざるをえない。

拙著刊行ののち、立花京子氏がその延長線上に朝廷関与説を提示した。拙著でほのめかすにとどめた誠仁（さねひと）親王を首謀者と認定し、「形式的には親王を中心とした朝廷の信長打倒戦」と位置づける大胆な仮説だったが、拙著と同様の陥穽（かんせい）にとらわれてしまったのではないかと思われる。本能寺の変の背景に深刻な公武対立が存在したとするが、その吟味が十分だとは思えず、逆に、立花説の主要な根拠とされる信長への左大臣推任（馬揃えや譲位問題を含む）や三職推任がむしろ公武協調の文脈で読み解けることに対して、有効な反論ができずにいるのではないか。

さらに立花氏は最近の著作で、イエズス会を先兵とする南欧勢力黒幕説を公表した。この説が実証的に種々の疑問があって成立しがたいことは、川村信三氏や鈴木眞哉・藤本正行両氏らによってすでに指摘されている。

私の問題意識に沿って私見を述べれば、立花氏は誠仁親王を中心とする朝廷関与説から南欧勢力黒幕説へと自説を転換させたわけだが、その理由を整合的に説明しているとは思えない。朝廷は「表の黒幕」にすぎず、じつは南欧勢力が「真の黒幕」だったというのでは、とうてい自説の発展的な展開とはいえず、氏がこれまで強調してきた朝廷関与説の行き詰まりを逆に示している。

一方、藤田達生氏によって足利義昭首謀説も提示されている。将軍義昭を中心にして明智・毛利・本願寺・上杉・紀州雑賀衆などを横断した大がかりな反信長同盟によって政変が決行されたという壮大な仮説である。

しかし、これにも素朴な疑問を抱かざるをえない。各地に反信長勢力が存在することと、それらが将軍義昭の命で動くだけでなく、光秀とも通牒するなどの計画性・共謀性があることとは、本来別の問題のはずである。藤田説は両者を混同してはいないか。

藤田説のように、これらの勢力に事前に計画性・共謀性があったと結論するにはよほどの根拠が必要だが、藤田説を構成する個別的な論拠（たとえば光秀と義昭、光秀と上杉景勝、光秀と秀吉などの関係）には実証的に少なからぬ疑問が残る。藤田説の根底には将軍義昭への過大評価があるように思えてならない。なにより光秀が奉じたはずの義昭の権威を利用した形跡がまったく見当たらないこと、義昭と毛利氏が共同歩調をとったとはとても思えないことなど、疑問が少なくない。

その後、私は前著の拙論を撤回したうえで、信長の四国政策の転換が光秀謀叛の重要な動機を形成したのではないかという仮説を新たに提示した（『真説　本能寺』二〇〇一年刊）。四国政策とはいうまでもなく長宗我部氏の問題と大きくかかわる。

ふりかえってみれば、高柳・桑田の両氏も長宗我部氏の問題に早くから着目していた。そして両氏に共通しているのは、謀叛の原因がひとつではなく、いくつかの複合的原因によるものだとしていることであり、さらにいえば、光秀の謀叛にほかの勢力の関与を想定していない単独実行説であるということである。

光秀の場合、信長に対する怨恨、天下への野望、あるいは現状への絶望などといった謀叛動機が語られることが多いが、視点を変えれば、どれも光秀の心理の複雑さを言葉を換えて表現したにすぎない。要するに、謀叛動機はこれらの複合にあり、光秀自身はそうした心理の多面体なのである。

そのように考えれば、本書はいわば原点回帰といえるかもしれない。さまざまな黒幕説が行き詰まった現在、それらをいったんリセットし、原点に立ちもどって先行研究を批判的に継承する必要があるのではないだろうか。そのような立場から、本書で重視したいくつかの視点を最後に述べておきたい。

まず、先行研究が注目した四国問題を再評価し、新しい知見を盛り込んでいる。とくに織田権力による四国政策の転換が、その権力編成や分国再配置と密接に関連しながら遂行され、その過程で光秀と明智家中の利害に抵触し、その政治基盤を直撃することになったという視点から、本能寺の変を見通してみようと試みた。

次に、従来のように本能寺の変の実行主体を光秀個人に限定しないで、もうすこし広く政治単位としての明智家中の動向を重視しようと試みた。その代表として取り上げたのが家老の斎藤利三（としみつ）である。春日局（かすがのつぼね）の実父として知名度があるだけでなく、じつは本能寺の変の仕掛け人ともいうべきキーパーソンだと私は考えている。利三に代表される明智家中の反信長＝親長宗我部勢力からも本能寺の変をみれば、また違った視界が広がってくるかもしれない。

最後に、知られざる光秀文書を発見し、収録できたことも述べておきたい（第五章参照）。これは本能寺の変の三日前に光秀が山陰の国人に宛てた書状（写し）である。政変の直前に書かれた光秀の書状はこれまで見つかっていなかったから、じつに興味深い史料だといわねばならない。光秀が愛宕山に参籠して百韻を詠んだ当日に何を書いたか、どのような心境にあったのか、その地点に立ってみれば、もうすこし地に足が着いた議論ができそうである。

以上のような試みがどこまで成功したかわからないが、それらも念頭に置いてご一読いただければありがたい。

【注記】

本書は新書という性格から、史料の引用は原則的に書き下した。誤読などがあれば、ご叱正を賜りたい。書き下しにあたり、カタカナをひらがなに、清音を濁音に、旧字・異字体を当用漢字に、頻出する一部の漢字（たとえば、有之）をひらがなに直した部分がある。なお、所説の要請上、例外的に原文のまま引用した箇所もある。

また、引用の多い一般的な史料名は次のように省略して記載している。

信長文書……奥野高広『増訂 織田信長文書の研究』上・下・補遺（吉川弘文館）
言継……………『言継卿記』（続群書類従完成会）
兼見……………『兼見卿記』第一・第二（史料纂集　続群書類従完成会）。なお、天正十三年以降は東京大学史料編纂所所蔵謄写本。
晴豊……………『日々記』（国立公文書館内閣文庫所蔵）
「晴豊日記自筆原本」（『勧修寺家文書』所収、京都大学総合博物館所蔵）
御湯殿…………『御湯殿の上の日記』巻七（続群書類従完成会）
宇野……………『宇野主水日記』（鷺森日記『石山本願寺日記』下巻、清文堂出版）
宗及他会記……『宗及茶湯日記他会記』（『茶道古典全集』第七巻、淡交新社）
宗及自会記……『宗及茶湯日記自会記』（『茶道古典全集』第八巻、淡交新社）
多聞院…………『多聞院日記』三（増補続史料大成、臨川書店）
日本年報………『イエズス会日本年報』上（新異国叢書、雄松堂書店）
日本史…………『フロイス日本史』5（中央公論社）
寛政譜…………『新訂　寛政重修諸家譜』（続群書類従完成会）

目次

第一章　信長と光秀の天正八年

1　信長にとっての天正八年

なぜ天正八年なのか

光秀はいったい、いつから信長を打倒しようと決意したのであろうか。いろいろな見方があろうが、その起点は大正八年（一五八〇）をさかのぼることはないと、私は考えている。すなわち、光秀に信長を打倒する動機が生じたとすれば、翌九年以降のことであり、それ以前にはそうした動機や要因があったとは考えにくいということである。

信長・光秀の二人にとって、天正八年はともに画期となるような年だったといえる。この年が二人にとってどんな意味をもっていたのかを考えてみたい。ひと言でいえば、信長にとっては、天下統一事業が新たな段階に入って統一権力の体裁をととのえた年だった。光秀にとっては、信長から近江坂本に加えて新たに丹波国を拝領して国持大名になるという栄進を遂げた年だった。浪々の身からはい上がった光秀としても感無量だったにちがいなく、信長のこれ以上ない「御恩」に浴すれば、謀叛を起こそうなどとはゆめにも思わなかったのではないだろうか。

このように、天正八年は二人にとっては互いに最良といえる年であり、したがって、二人の関係も良好な時期であった。しかし、事物は往々にして相矛盾する両面をはらんでいるものである。二人の関係のなかには同時に、決裂する因子もまた胚胎しはじめていたのである。

この年を頂点にして、翌九年から二人の関係の底流に不協和音が響きはじめ、翌々十年にはそれが表面化して、最終的にその対立が臨界点というべき本能寺の変へといたってしまう。この間、わずか二年ほどである。この短い時間のなかに凝縮された二人の相剋へといたるプロセスを読み解いてみたい。

まず、信長にとっての天正八年をすこし具体的にみてみよう。

大坂本願寺の降伏

この年の大きな出来事はなんといっても、足かけ十一年の長きにわたって抗戦していた大坂本願寺がついに降伏したことである。三月十七日、信長は本願寺に宛てた覚書で、門主顕如（もんしゅけんによ）や門徒衆の大坂退城と引き換えに「惣赦免（そうしゃめん）」というかたちで本願寺教団の存続を保証した。この一件はふつう「勅命講和」と呼ばれている。講和であるかぎり、当事者双方が対等な立場にあるかといえば、実態は決してそうではなかった。信長は上から見下して本願寺を赦免してやるという態度だった。信長は世俗権力が本願寺という宗教教団に優越することをはっきりと示したのである。

和睦成立ののち、本願寺顕如は紀州雑賀に退去した。その子教如はなおも数カ月抵抗を続けたが、孤立無援となって同年八月二日、これまた雑賀に退去した。なぜ顕如父子は降伏せざるをえなかったのだろうか。それは本願寺を支える反信長戦線がなだれを打って解体し崩壊したためだった。

本願寺とともに畿内近国で反信長戦線を形成していた勢力のうち、丹波八上城主の波多野秀治が前年六月に光秀に降伏している。その四カ月後の十月には備前岡山の宇喜多直家が羽柴秀吉の働きかけによって毛利氏から離反した。摂津の荒木村重も同年九月に籠城していた有岡城を捨てて尼崎城に移ったものの、翌八年三月にはここも保てずに毛利氏のもとに逃れた。そしてこの年正月には、足かけ三年にわたって籠城戦を続けた播磨三木城の別所長治が自刃して開城のやむなきにいたった。

本願寺の劣勢に追い打ちをかけたのが毛利氏の退潮である。天正四年（一五七六）七月、毛利水軍の総力をあげた木津川沖海戦の勝利と兵粮入れをはじめ、永年本願寺を物心両面から支えてきた毛利勢が織田方の圧迫に堪えかねて、ついに播磨の兵庫・尼崎や淡路の岩屋城を放棄したことにより、毛利方と海陸双方の連絡を断たれた本願寺の孤立は決定的になったからである。

信長は門主とそれに従う門徒衆を赦免したものの、強硬派の教如に同調した末寺や門徒衆には容赦しなかった。天正八年十一月、柴田勝家は本願寺の分国で教如派が多い加賀国に攻め入り、一揆衆をなで斬りにした。これによって、「百姓の持たる国」といわれた同国も信長の軍門に降ったのである。

神田千里氏によれば、本願寺教団は永正の争乱、享禄・天文の争乱で足利将軍家、京兆家（細川氏嫡流）、三好氏が複雑に入り組んだ畿内政権内部の権力闘争の一方に加担して教団を維持・発展させてきたという。そして本願寺合戦（石山合戦）でも同様の立場をとった。はじめは旧畿内政権を構成していた三好三人衆に味方して足利義昭・織田信長と戦った。その後、義昭が信長と決裂して毛利氏に庇護されると、今度は義昭・毛利氏と結んで、法敵信長と戦った。

しかし、浅井・朝倉・六角・松永・三好三人衆だけでなく、天正七年以降、波多野・荒木・別所ら畿内近国の大名たちが次々と亡び、毛利氏の勢力が備中以西に後退してしまうと、畿内政権の一方に加担するという従来の関与のしかたが不可能になり、教団の自己防衛しか戦争継続の理由がなくなってしまった。備後鞆に在国する将軍義昭に京都復帰の可能性がほとんどなくなり、とうてい、畿内政権の一翼とは呼べなくなったからである。それくらい畿内情勢は、反信長連合にとって勢力挽回が困難かつ不可逆的なものになっていた。

逆にみれば、信長は永禄十一年（一五六八）の上洛以来、ずっと不安定だった畿内支配をはじめて確かなものにしたのである。天正八年八月、信長が薩摩の島津義久に宛てた書状で、顕如が雑賀に退去したのを知らせるとともに、「幾（畿）内残る所なく静謐に属し候」と述べて、畿内支配が確定したことを誇示している。

では、信長がようやく確立した畿内支配は織田権力にとってどのような意義を有していたのだろうか。織豊期研究の泰斗である朝尾直弘氏は、織田権力の発展段階を次のように三つの時期に区分している。

Ⅰ期……将軍義昭との連合政権　永禄十一年（一五六八）～天正元年（一五七三）

Ⅱ期……一向一揆と対決する軍事政権　天正元年～同八年（一五八〇）

Ⅲ期……統一権力期　天正八年～同十年（一五八二）

朝尾氏の時期区分の特徴は、信長の権力が一向一揆との熾烈な戦いのなかで形成されてきたことを重視している点である。とくにⅡ期からⅢ期への画期が本願寺の降伏になっており、それは同時に畿内支配の安定化を意味していることが明らかである。これまで信長と光秀の関係が転換するきっかけとして天正八年という画期を強調してきたが、これを朝尾説に従って巨視的にみると、信長が統一権力の基盤を固めた時期と重なっていることがわかる。

織田権力による地域権力の圧伏・統合

本願寺教団が信長に屈伏したことは、畿内近国に勢力をもっていた宗教諸宗派や惣国一揆など種々の地域権力が最終的に敗北したことを象徴するような出来事でもあった。

信長は畿内平定の過程で、六角・浅井・朝倉・三好などの戦国大名を打倒したが、信長の克服すべき対象は大名領国だけではなかった。すでに焼き討ちにされた比叡山延暦寺はいうまでもなく、本願寺教団とその支配下の門末・寺内町や法華宗などの宗教勢力、そして惣国一揆と呼ばれる在地勢力など、各種の自立的な地域権力が存在しており、信長と対抗関係もしくは敵対関係にあった。

このうち、宗教的な地域権力をみてみると、まず本願寺教団と並ぶ法華宗諸派は洛中の町衆をおもな檀越として多くの自治町を形成し、「京都十五本山」と呼ばれるほどの勢力を築いていた。ところが、前年の天正七年五月二十七日、信長の命により安土城下で浄土宗と対決させられて敗北した。その結果、法華宗は今後他宗に対して法難（折伏活動）しないことを誓う詫証文を信長に提出する羽目になって屈伏した。これが有名な安土宗論である。朝尾直弘氏は、法華宗が信長という世俗権力者によって自律性を奪われ、「かたじけなくもその存在を許されたもの」に成り下がったと評している。法華宗の屈伏も信長が本願寺を「惣赦免」したのと同じ論理であることは明らかである。

本願寺の屈伏はほかの寺社権門の去就にも影響がおよんだ。その最大のものが大和国に対する織田権力の「一国破城」と「指出」の強行である。大和国は守護の介入を阻止していた興福寺が守護を自認して支配していた。だが、天正三年（一五七五）、信長は原田直政を守護に任じて、興福寺による大和支配の解体に手をつけていた。直政が本願寺合戦で討死したのちは、興福寺衆徒出身の筒井順慶が信長によって引き立てられた。

教如が大坂を退去したその日、信長は順慶に国じゅうの破城を命じ、順慶の居城である大和郡山城以外の城割を強行したのである。そのうえで、明智光秀と滝川一益が奈良に下って、いわゆる「大和指出」を命じた。その対象は、国じゅうの寺社・本所・諸寺・諸山・国衆など、あらゆる種類の領主におよんでいた。とりわけ、それまで武家の介入を拒んできた興福寺の動揺は大きく、本願寺を屈伏させたばかりの織田権力の武威には抗しえず、ついに「指出」に応じたのである。

信長が興福寺をはじめとした大和の諸領主から指出を徴した目的は、それによって確定した知行高に軍役を課すことで、大和一国の軍事力を把握することにあった。指出が完了すると、信長は大和国を分国としたうえで、「国中一円筒井存知」（『多聞院』十一月九日条）として、順慶を国主に任じたのである。

また、破城は大和国と同時期に、摂津・河内の両国でも実施されており、両国も大和国と同様、分国化が進められたと考えられる。

一方、在地の国人領主や惣村によって組織された惣国一揆という地域権力も相次いで信長に服属を余儀なくされた。反信長連合の一翼を担い、本願寺合戦では鉄炮集団による戦闘力をいかんなく発揮した雑賀一向一揆（雑賀庄・十ヶ郷を中心とする土豪と雑賀五組の一向門徒の一揆）は、顕如が雑賀に退去すると、そのほとんどが「御門跡様次第」として顕如に従うことを誓った。それでも、土橋氏などの一部の主戦派が教如に従って大坂に籠城したものの、ほどなく織田方の佐久間信盛らに起請文を提出して雑賀に退去した。こうして、紀州の雑賀一向一揆も門主を介したかたちながら、ともかくも織田権力に服属したのである。

惣国一揆といえば、甲賀郡中惣や伊賀惣国一揆もある。前者はすでに元亀年間に信長に粉砕されているし、後者は北畠信雄の軍勢を一度は撃退したものの、天正九年に粉砕されることになる。

大和・紀伊・伊賀など、畿内近国の地域権力も天正八年か、その前後に信長に圧伏されたのである。信長の畿内支配は揺るぎないものになったといえよう。

東国大名を服属させつつあった信長

信長が天正八年に本願寺を屈伏させて畿内近国を平定したのを重要な画期ととらえて、統一権力を事実上成立したのではないかと述べてきた。ここで、信長が達成した地平を畿内からもうすこし視野を広げて考えてみたい。それというのも、天正八年は信長とほかの戦国大名との関係においても画期的な進展があったといえそうだからである。

まず奥羽や関東など東国の大名たちの動向である。天正八年の時点で、信長の領国は西は備前、北は能登・加賀にまでおよんでいたが、東国方面は武田勝頼や上杉景勝がまだ健在だったので、美濃・遠江（とおとうみ）の線にとどまっていた。そのためか、これまで織田権力と東国大名との関係はあまり注目されず、希薄な関係だったと考えられがちだが、決してそうではない。むしろ、武田・上杉といった敵対大名との対決という政治的かつ戦略的な要請のため、積極的な交流がみられるのである。長谷川成一・粟野俊之両氏などの研究に拠（よ）りながら、すこしくわしくみてみよう。

東国の大名のなかで、もっとも早く信長と親交を結んだのは伊達輝宗だった。天正元年（一五七三）十月、輝宗は信長に鷹一聯（もと）を贈っている。その後も毎年のように鷹・馬を贈っており、それは信長が横死する同十年まで続けられた。

信長と親交を結んだ南奥羽の代表を輝宗とすれば、北奥羽の代表は出羽下国の安東愛季（のち秋田氏）である。安東氏は天正三年、信長に鷹十聯、翌四年に同じく二居、五年には浪虎皮十枚を贈っている。その後も配下の南部季賢を上洛させて連年鷹を進上している形跡がある。粟野氏によれば、織田権力は安東氏を室町幕府体制下の日の本将軍の後裔として認識していたという。安東氏は浪虎皮を贈っているように蝦夷地と関係が深い。信長が安東氏の服属を重視したのは、蝦夷地まで織田権力の支配下にあることを意識しており、その日本列島観、天下観とも深くかかわっていると考えられる。

そのほかの奥羽の大名・領主では、天正初年に陸奥田村郡の田村清顕、同七年には出羽の大宝寺義氏が馬五疋・鷹十一聯、陸奥の遠野孫次郎が白鷹、出羽大曲の前田薩摩守（利信）が鷹、翌八年には出羽山形の最上義光が鷹一聯・馬一疋などを進上している。

では、鷹の進上にはどのような意味があるのだろうか。芥川龍男氏は当時の武士のあいだに一般化していた八朔の贈物と同様、服従の意思を表明するものとしている。一方、山名隆弘氏は戦国大名間の鷹の贈答行為は当事者間の盟約関係を象徴するものだという。

服属と盟約では意味が異なる。盟約関係といえば、当事者が対等な関係にあるように理解されるが、少なくとも信長と東国大名の関係は決して対等ではない。これら奥羽の諸大名・諸領主は信長と知行を介した主従関係ではないものの、少なくとも信長を足利将軍と同等の上位権力だと承認していることはまちがいない。そして、その見返りとして信長のおかげで叙爵（五位になること）・受領などの官位や屋形号などを授与されて、それによって領国支配を権威づける効能を期待していた。したがって、そうした信長と東国大名の関係をみると、鷹の贈答行為は信長への服属の意思表明ではないだろうか。

次に関東の大名をみてみよう。北関東では北条氏の圧迫を受けていた佐竹義重（よししげ）、太田道誉・梶原政景父子、水谷（みずのや）勝俊、多賀谷重経（しげつね）、宇都宮貞林らが天正八年までに使者を安土に派遣して馬などを進上し、信長に服属する意思を示していた。彼らは信長の権力とその後援を期待して北条氏に対抗しようとしていたのである。

では、関東の雄、北条氏はどうだったのだろうか。北条氏政・氏直父子は天正四年、武田勝頼との同盟関係から、足利義昭・毛利輝元と修交して反信長戦線の一角にあった。しかし、同六年三月、越後の上杉謙信の死による御館（おたて）の乱の勃発（ぼっぱつ）を境に、北条氏は武田勝頼と断交して、翌七年九月、徳川家康と同盟を結び、十月には駿河に出兵して武田軍と対陣した。この外交転換により、北条氏は織田権力側に立ったのである。

そして、北条父子が信長に使者を送って正式に服属の意思を示したのが天正八年三月のことだった。父子は信長に各種の鷹十三聯・馬五疋を進上した。この服属儀礼は奥羽の諸大名と同様である。信長は北条氏の使者に誠仁親王の二条御所を拝観させるなどして、朝廷を包摂する統一権力の主宰者であることを誇示した。

このときの北条氏の使者との会見では武井夕庵（せきあん）・滝川一益・佐久間信盛の三人が取次をつとめたが、

『信長公記』巻十三に「三使にて御縁辺相調へ、関東八州御分国に参るの由なり」とあることが注目される。三使とは取次の三人だが、彼らが北条氏とのあいだで縁談をととのえれば、北条氏が関八州を信長の分国として差し出すというのである。

この縁談とは信長の娘と北条氏直との婚姻である。この件に関して、氏政は同十年三月、伊豆三嶋社に奉納した願文で、「信長公」がかねて定められたように、輿入れがすみやかに行われれば、「即ち関東八州は氏直本意歴然」だと祈願している。氏政は嫡男氏直が信長の女婿になることを梃子にして、関八州の北条領国化が進むことを期待しているのである。北条氏にとっての「関東八州御分国」というのは、そのような意味だった。

このことから、粟野氏は織田を主、北条を従とする同盟関係が成立し、北条氏は徳川家康と同様に同盟者となり、北条領国は織田権力に組み込まれたと評している。まことに興味深い見解である。また黒田基樹氏はこの縁組を機にして、北条氏の家督が氏政から氏直に譲られたと指摘している。つまり、新当主氏直の統治は信長の権力・権威を背景に展開されることを意味していた。北条氏という関東随一の大名でさえ、その領国支配に織田権力の影響力がはっきりと刻印されつつあったのである。もっとも、この縁組は信長の死によって実現しなかった。

対毛利包囲網に組み込まれた大友・島津両氏

目を西に転じてみよう。信長と西国の諸大名との関係においても、天正八年前後に重大な動きが生じている。まず豊後の大友宗麟だが、同六年十一月の日向高城合戦（耳川の戦い）で島津氏に大敗して以降、島津氏の北上に対抗するために織田権力に接近した。信長もまた、中国の毛利氏を東西から挟撃するためにも大友氏の服属は大いに利用価値があった。翌七年十一月、信長の執奏により宗麟嫡男の義統は叙爵し、左兵衛督に任ぜられた。それと同時に、義統に次のような朱印状を与えた（『信長文書』八四七号）。

周防・長門両国事、全く進止あるべく候、聊かも相違あるべからずの状件の如し。

天正七

十一月廿七日　　信長（朱印）

大友左兵衛督殿

周防・長門の二カ国をすべて進止（支配）してもよい。そのことはいささかも相違ないという趣旨である。いうまでもないが、天正七年の時点で両国はまだ毛利氏領である。だから、この朱印状は空手形にすぎない。しかし、近い将来、現実となる可能性は高かった。信長は大友氏を対毛利戦争に動員することでその忠節を引き出し、それに見合う反対給付として二カ国を与えようとしたのである。大名間で交わされた文書であるにもかかわらず、信長から義統への領知宛行状という主従関係を示す形態をとっていること、また文書の様式が判物（花押を据えた文書）より薄礼で尊大な朱印状であることなどから、信長が義統より上位にあり、決して対等な関係ではない点に留意したい。

翌八年八月、信長は大友・島津両氏に豊薩和平を命じた。これも対毛利挟撃の態勢を築くため、九州の両雄を和睦させるという戦略上の要請からなされたものだった。信長が島津義久に宛てた朱印状は、大友氏との和平を勧告しながら次のように述べている（『島津家文書』九八号）。

「近年、本願寺が不届きだったので誅罰を命じたところ、大坂から退散したいとの懇望により赦免したので、紀州雑賀に退去した。これで畿内は残るところなく静謐になった。来年は芸州に出馬する。そのときは格別にご入魂になれば、天下に対して大忠である」

これに対して、義久は翌九年六月に「そもそも豊薩和睦の調停は（信長が）つぶさに仰せ出されました。愚鬱が多々あるとはいえ、自他を捨てて（信長の）尊意に応じたい」として、不満を抱えながらも豊薩和平を受諾する旨返答している（『島津家文書』一四二九号）。また、この交渉で信長側に立って豊薩和平成立に奔走した前関白の近衛前久は義久に大鷹の献上を指示している（『島津家文書』六六四号）。これも東国大名の信長への服属方式と同様だったと思われ、島津氏に対しても、信長の優位は明らかだった。

このように、九州における有力大名である大友・島津両氏においても、信長を上位権力として受け容れていることが判明する。とくに大友氏は周防・長門の二カ国を近い将来与えられることを約束されていることから、知行を介して信長と主従関係に近かったことがうかがえる。

以上のように東西の戦国大名と信長の外交関係を概観してみると、とくに関東の北条氏、九州の大友氏は中間に武田氏や毛利氏が介在していて直接に国境を接していないものの、近い将来に領国が隣接する可能性が高いぶんだけ、織田権力の影響力を受けやすい地理的な条件にあり、服属の度合いが儀礼的なものにとどまらず、より実体的なものになりつつある傾向がうかがえる。

また、信長が九州の大友氏と島津氏に豊薩和平を命じたとき、両者に「天下に対し御忠節たるべし」とか「天下に対し大忠たるべし」と呼びかけて、「天下」への奉公という論理を振りかざしている。「天下」理念の強調は、信長とほかの戦国大名との差別化を図り、信長を上位とした新たな権力秩序への再編を企図した戦略だったともいえる。

信長のそうした態度を可能にしたのは、信長の武威にほかならない。足利将軍は大名間抗争に対する調停権を有していたとされるが、武威を有していないために、調停権が不徹底で十分機能していないのにくらべて、信長の強制力のほうがより強いといえるだろう。事実、島津義久は信長の死まで和平を遵守している。東西の諸大名は信長を足利将軍以上の存在だとみなさざるをえなかったのである。

「公儀」「天下」だけではわからないこと

右でみたように、信長と東国・西国の大名たちとの関係は決して対等ではなく、信長は彼らにあくまで上位者として振舞っている。一方の大名たちも領国防衛や大名当主の権威づけといった実利的動機からとはいえ、上位権力としての信長の地位を公式には承認していることがわかった。

では、そうした信長の地位はどのような性格をもっているのだろうか。たとえば、先行政権である足利将軍、あるいは後継政権である豊臣秀吉との共通点や相違点はあるのだろうか。

かつて石母田正（いしもだしょう）氏は、独立した主権的な権力を確立したはずの戦国大名が、足利将軍もしくは天皇を頂点とした「礼」の秩序に組み込まれていることを指摘した。それは知行を媒介とした主従関係や法の問題ではなく、官位や屋形号といった身分的格式の授受という関係である。「礼」の原理とは身分の尊卑を明らかにするものであり、戦国大名は法とともに「礼」的秩序を領国統治のために重視したとする。

先ほど述べたように、信長も足利将軍と同様に官位や屋形号を授与しているし、鷹の進上も身分の尊卑を象徴する贈答行為といえるかもしれない。しかし、信長の地位は足利将軍のような「礼」的な秩序形成だけにとどまるものだろうか。そうとはいえないと考える。そのことを検討する手がかりとして、信長本人もしくは織田権力の呼称（自称・他称とも）の問題を取り上げてみたい。

朝尾直弘氏は、天正七年（一五七九）四月を最後に将軍義昭を「公儀」と呼ぶ文書が姿を消し、そのかわりに同年六月から信長の家臣団が信長を「公儀」と呼ぶようになることを指摘している。朝尾氏は「公儀」が義昭から信長に移行し、のちの幕藩制国家における将軍権力の原形を形づくるものだと位置づけている。

非常に興味深い見解だが、実証的には難がある。たとえば、毛利家中では同八年になっても、将軍義昭をなお「公儀」と呼ぶ史料が存在しているからである（『毛利家文書』三四五号など）。信長と敵対している毛利氏が将軍義昭を戴（いただ）きながら、信長を「公儀」と呼ぶはずがないのは当然だろう。また朝尾説では信長を「公儀」と呼ぶのはその家臣団だけだとしているが、後述するように必ずしもそうとはいいきれない。

朝尾氏は一方で、信長が「天下布武」の印章を用いたように、その政権構想では「天下」の理念が重要だったことを指摘している。「天下」は京都や日本列島のほとんどを意味するだけでなく、普遍性と公共性を含意しているととらえられていた。信長は「天下」と自己の一体化を図ることによって、足利将軍を指すことが多かった「公儀」に対する上位概念に位置づけたという。

なお、朝尾説に対しては、信長には「公儀」を称する客観的条件がなかったので「天下」を称したという藤井譲治氏の批判がある。一方、「天下」も「公儀」の一形態ではないかとか、信長と「公儀」は一体化しているのではないかという、藤井説への異論もあって評価が定まらない。とくに「公儀」については史料用語と研究概念とが混同して議論される傾向がある。

諸氏の見解を総合して最大公約数的に述べれば、信長における「公儀」とは、信長家臣団による織田権力（もしくは信長本人）の呼称であるとともに、足利将軍的「公儀」を否定し、のちの幕藩制国家の起点となるような公権力。一方の「天下」とは、信長の自称もしくは人格との一体化を志向しながら、「公儀」の上位概念である。また「公儀」理念が百姓支配までは有効性をもちえなかったのに対して、「天下」は武家領主はむろん、朝廷や百姓をも包摂する政治理念ということになろうか。

付言すれば、武家領主以外でも信長か織田権力を「公儀」と呼ぶ事例はある。法華宗僧侶日珖（にっこう）の日記『己行記』天正八年五月条には「京都諸寺へ公儀奉行衆ヨリ御礼ノ金催促」云々という記事がある。安土宗論以後、法華宗は信長もしくは織田権力を「公儀」と呼んでいた。ほかの有力諸宗派も同様だった可能性がある。

いずれにしても、現状では「公儀」と「天下」の事例や用法が十分精査されておらず、それぞれの定義と相互関係が詰めきれていない。また筆者の問題関心からみれば、信長本人が「公儀」や「天下」と一体化していると断定できないもどかしさも感じている。ただ、この二つの用語は、ほかの戦国大名や各種の領主にほとんど流通もしくは浸透していない一方通行の用語であるという点では共通している。

信長の優越を示す「上様」

では、天正八年以降、統一権力として成立したとされる信長の権力の実態をもうすこし具体的、客観的に示す用語がほかにあるだろうか。ひとつは「上様」という言葉ではないかと考える。この言葉は織田家臣団が用いただけでなく、ほかの戦国大名や武家領主、寺社、町人などに広く事例がある点が「公儀」や「天下」と異なる。むろん、「上様」は身分的な上下関係を端的に示すだけで、「公儀」や「天下」のようになんらかの政治理念を含むものではない。しかし、この二つの用語と無関係ではありえず、なんらかの補完関係にあるのではないか。おそらく「上意」とはほぼ同義語で、「公儀」

や「天下」の人格的な表現として対応関係にあるのではないかと推測できる。

「上様」という言葉はもともと、天皇や将軍などの貴人を指したが、これが信長を指す意味で用いられるようになったのは天正元年（一五七三）ころからではないかと考えられる。堺の豪商今井宗久の茶会記に、同年十一月二十四日、京都妙覚寺での茶会で蕪無の花瓶に白梅をたくさん「上様お生け成され候」と書かれている（「今井宗久茶湯抜書」）。同年七月、将軍義昭が京から追放されているので、その直後から呼ばれていることになる。いかにも権力者の消長に敏感な堺衆らしく、畿内の権力交替をドライに認識している。

では、織田家臣団のなかで「上様」呼称が登場するのはいつだろうか。おそらくもっとも早い事例は、天正三年八月六日、武藤舜秀（越前敦賀城主）が敦賀半島北端の立石惣中という漁村に宛てた書状で「其の浦の儀、（平出）上様御陣お懸け成さるべく候間、小家以下掃地（除）無沙汰あるべからず候、謹言」というもの。「上様」にさらに敬意を表する平出処理（敬意を表すために改行して行頭にもってくること）がなされている丁重さである。それから二日後、同じ立石惣中に、不破光治からも同文の書状が出されている（「立石区有文書」）。

信長が家臣から正式に「上様」と呼ばれるようになったのには、織田家中ではない今井宗久の場合と異なり、それなりのきっかけがあるはずである。それは同年七月三日、信長が正親町天皇から官位を推挙されたことと関係があるのではないか。もっとも、信長はその勅諚を断るかわりに、重臣たちの官途勅許を得た。これにより、夕庵が二位法印、松井友閑が宮内卿法印、明智光秀が惟任日向守、梁田広正が別喜右近大夫、丹羽長秀が惟住姓を名乗ることになったことはよく知られている。

朝廷がこのとき信長に提示した官位は不明だが、将軍義昭（従三位・権大納言）と同等かそれを超えるものだったと推測してもまちがいではないだろう。それから四カ月後の十一月四日、信長が実際に従三位・権大納言に叙任され、さらに同七日、右近衛大将に任ぜられていることがその傍証になる。織田家中では、主君信長が将軍義昭に匹敵する官位に推挙されたことを契機に「上様」と呼ぶようになったのではないか。

次に、信長が畿内や遠国の大名・寺社から「上様」と呼ばれるようになるのは天正六、七年あたりからである。信長と彼らとの関係を考えるうえでは、この現象のほうがより重要であろう。年代順にいくつかの事例を紹介する。

(a)天正六年十月、蝦夷松前の蠣崎季広が出羽下国の安東愛季に宛てた書状に「上様よりの御切紙」を預かったので、四男の右衛門大夫正広を上洛させる旨が記されている。この「上様」は明らかに信長を指す（『新編弘前市史』資料編Ⅰ）。

(b)同七年六月、明智光秀が丹波八上城主の波多野兄弟を捕虜にして安土に連行するとき、洛中を通過した。禁裏御倉職の商人立入宗継はその様子を記して、光秀を「名誉の大将也。弓取はせん(煎)じてのむ(呑)べき事に候」と絶賛しながら、光秀の履歴にふれている。そのなかに「その後上様より仰せ出され、惟任日向守になる」と記している（『立入左京亮入道隆佐記』）。

(c) 同八年九月二十三日、徳川家康の家臣松平家忠はその日記で、信長が佐久間信盛を改易して空いた三河刈谷城を水野忠重に与えたことについて、「水野惣兵衛殿（忠重）かりや（刈谷）へ領上様より下され候て入城候」と書いている。以降、家忠は信長を「上様」と呼んでいる（『家忠日記』）。

(d) 同九年正月十三日、本願寺顕如の右筆宇野主水が日記『宇野』で「上様信長」と記している。翌十年の日記の年初備忘にも「上様」、三月五日条にも「今日安土より岐阜まで、上様ご出馬と云々」と記しているのをはじめ、随所に「上様」表記が出てくる。信長に降伏したばかりの本願寺が「仏敵」から一転して「上様」と呼ぶのは興味深い。

(e) 同九年四月一日、堺商人の千宗易（のち利休）が平野勘兵衛尉（のち末吉勘兵衛）に宛てた書状の追伸に「返々（闕字）　上様御上洛と申し候つるが、のび（延）申し候よし」とある。宗易は、信長を「上様」と敬称で呼んでいるだけでなく、闕字（貴人を表す称号の上を一、二字空け敬意を示すこと）まで用いている（『利休大事典』）。

(f) 同九年六月、薩摩の島津義久が豊薩和平を命じた信長の取次である伊勢貞知への返状に「今度上様より御朱印、忝なく拝領せしめ候」と記している（『島津家文書』一四二九号）。

(g) 同九年十月、興福寺大乗院門跡の尋憲と思われる人物の日記「某日次記」十月七日条には「針阿弥（一雲斎）を以て両度畑（畑庄）之儀上様よりお尋ね成られ、御別儀なき由也、珍重大慶有難き次第也」

とあり、同月十二日条にも「午の刻に上様信長、丹波（ママ）五郎左衛門（丹羽長秀）の所に御座、やがてお帰り」とある。このころ、織田軍による伊賀攻めが行われていた。尋憲は伊賀に隣接する大乗院領の畑庄が巻き添えを食って闕所（没収地）となることを恐れ、信長に訴えるために安土に赴き、信長側近の楠長諳や一雲斎針阿弥に働きかけた。尋憲の嘆願は奏効したようである（『福智院家古文書』九八号）。

(h)同十年正月、南都興福寺の子院、蓮成院の記録によれば、安土城の正月参賀について、信長から次のような指示があったと書いている。「旧冬歳暮の時、年頭の祝儀は十疋宛沙汰あるべき旨、上様直に仰せ出さる間、御掟に任す旨、大名・少名同前に十疋宛礼式の由也」。信長が正月参賀に来る者に「十疋」（百文）ずつ礼銭を持参するよう命じた有名な逸話である（『蓮成院記録』）。

(i)同十年五月二十九日、奥州会津の大名蘆名氏の老臣、金上盛満が東国取次の滝川一益に宛てた返状で、「仰せの如く、上様・殿様（信忠）御動座成され、武田方御退治を遂げられ、御静謐まことに以て目出たく存じ奉り候」と述べている（『群馬県史』資料編7）。信長を「上様」、信忠を「殿様」と敬称を使い分けているのは、ほかにも、織田家中や堺商人千宗易にもみられる。

(j)同十年八月一日、出羽沼館城主の小野寺輝道は信長の側近千福遠江守への返状で「上様甲信駿を取られ、関東八州も悉く御掌握に属さる」と書いている。もっとも、この日付には信長はすでにこの世の人ではないが、小野寺にはまだ信長の死が届いていなかったものとみえる（『大日本史料』第十一編之二）。

長くなったが、信長が「上様」と呼ばれている事例をみてきた。もっとも、「上様」呼称は信長や足利将軍だけでなく、じつは戦国大名でも用いられている。たとえば、信長と同時代の毛利元就や上杉景勝も家中から「上様」と呼ばれている事例がある（『毛利家文書』四〇一号、『上杉家文書』七六二号など）。

しかし、信長の「上様」呼称は元就・景勝と異なり、家中にとどまらない点が大きな特徴である。東の蠣崎季広や小野寺輝道、西の島津義久といった大名だけでなく、本願寺や興福寺大乗院門跡という寺社権門や堺衆からもそう呼ばれていることは、元就・景勝のそれとレベルや意味内容が異なっていることを示している。また、松平家忠の事例は、信長と家康の関係が同盟関係から主従関係に変化したことを示しているとみてよい。甲州陣ののち、信長が家康に武田旧領の駿河一国を新恩として与えていることはそれを裏付けている。

以上から、「上様」は「公儀」や「天下」とくらべて、信長がほかの大名や武家領主、さらに寺社権門よりも優越的な地位にあることをより客観的に示す言葉だといえるだろう。また足利将軍家と守護・国人や戦国大名の関係のように伝統的に形成された身分秩序を、信長がわずか一代、十年足らずで構築しなおしたことは、統一権力の生成を考えるうえで興味深い。

2　光秀にとっての天正八年

丹波領有と「近畿管領」

次に、光秀にとって、天正八年（一五八〇）はどんな年だったか考えてみたい。

光秀については、出自や信長に仕えるまでの経歴に不明な点が多い。それでも、いくつかの信頼できる史料にその手がかりが断片的ながらうかがえる。禁裏御倉職の商人立入宗継の記録『立入左京亮入道隆佐記』には「美濃国住人とき（土岐）の随分衆也　明智十兵衛尉」とある。また、公家で吉田社の神主である吉田兼見の日記『兼見』の元亀三年（一五七二）十二月十一日条には、光秀が書状で「濃州の親類がいうには、山王社の敷地に新城を普請（ふしん）してから、その親類が体調が悪くなったので、今度祈念してほしい」旨を兼見に依頼している。

これらから、光秀が土岐氏の一流で、美濃出身の豪族であることはほぼ確実である。「随分衆」とはそれなりに身分の高い人という意味であり、また親類が城郭を普請するほどの領主であることから、光秀の出自も国人クラスだったのではないかと推定される。

また、光秀は一時期、朝倉義景に仕えていた形跡もある。それもあってか、朝倉義景のもとに寄寓（きぐう）する足利義昭と、美濃を平定した信長とを結びつけるのになんらかの役割を果たしたことが細川家の家譜『綿考輯録』（『細川家記』ともいう）からもうかがえる。

こういういきさつもあって、永禄十一年（一五六八）の上洛後の一時期、光秀は将軍義昭と信長の双方に両属することになった。光秀は義昭から南山城の下久世荘に所領を与えられているし、義昭の所領安堵状に副状を発給したりするなど、義昭の取次としても活動していた。とくに有名なのは、永禄十三年（元亀元年、一五七〇）正月、僧朝山日乗とともに、信長が認めて、将軍義昭が袖印を据えた五カ条の条書の証人となったことである。このことは光秀が両者から中立的な立場にあるとともに、二人の権力者の証人になるだけの力量を認められていたことを示している。

武将としての光秀は、元亀二年九月、信長に抵抗した比叡山延暦寺の焼き討ちに先兵となって働き、その恩賞として近江志賀郡と延暦寺の旧領を与えられた。翌三年から光秀は坂本城の普請を始めるが、十二月には天主が完成している。安土城天主に先立つこと数年前に、光秀は天主のある城郭を築いていたのである。

天正元年（一五七三）、信長と将軍義昭が決裂したときには、一転して義昭に見切りをつけて信長に従っている。光秀は義昭との関係が深かっただけに、信長がその進退の処しかたを喜び、信任を深めたであろうことは想像に難くない。

将軍義昭が追放されたのち、光秀は村井貞勝とともに、京都奉行として政務を担当した。その実務能力を買われてのことだろう。そして天正三年（一五七五）六月、光秀は信長から丹波攻めを命じられた。このとき、信長は丹波の国衆である川勝氏や小畠氏に宛てた朱印状で、内藤如安や宇津頼重らの「逆心」に「誅罰」を加えるため、光秀を派遣すると述べている。信長が誅罰の対象とした二人のうち、頼重は永禄十二年（一五六九）に禁裏料所の丹波山国荘を押領したことがあり、それが六年後もまだやんでいなかったものと思われる。

丹波国は京都の西と北に隣接する要所であることから、それを平定すれば、京都支配の安定化にもつながることはいうまでもない。ただ、丹波平定の意義はそれだけではなかったのではないだろうか。義昭を追放した信長にとって、京都支配はみずからの権力の正統性と深くかかわっていた。そして、残る天皇の存在は京都支配を維持するためにも不可欠であり、その料所を回復することも、丹波攻めの目的のひとつだったと考えられる。

ちなみに、この年七月、光秀は信長の奏請により惟任日向守の称号を勅許されている。正式にはこの名称を用いるべきかもしれないが、本書では混乱を避けるため、引用部分を除き、明智光秀で統一していきたい。

丹波攻めでは、黒井城主の赤井直正や八上城主の波多野秀治らとの苦戦が丸四年続いた。同七年六月、光秀はようやく八上城を開城させると、降伏した秀治ら三兄弟を安土に連行した。三兄弟は洛中で市中引きまわしのうえ、安土城下の慈恩寺町で処刑された。このとき、先にみた立入宗継の記録は、光秀のことを「名誉の大将也。弓取はせんじてのむべき事に候」と絶賛している。

同年七月、光秀は禁裏料所の山国荘を押領していた宇津頼重を攻めて、これを逐(お)った。山国荘が回復されたので、朝廷は大いに喜んで光秀に勅使を下し、馬・鎧と掛袋二十を与えている。光秀は朝廷からも嘉賞(かしょう)されて、さぞや面目を施したであろう。

そして八月には、光秀は最後まで抵抗した赤井氏の黒井城を攻略して、丹波平定をほぼ成し遂げた。『信長公記』も「永永(ながなが)丹波に在国候て粉骨の度々の高名、名誉比類なきの旨、忝くも御感状成し下され、都鄙(とひ)の面目これに過ぐべからず」と、光秀の武功をほめ称(たた)えている。

光秀は丹波攻めと同時に、細川藤孝とともに丹後攻めも命じられていた。天正三年、信長の命令では、丹後国は守護家の一色氏に安堵し、丹波国のうち桑田・舟井の二郡を藤孝に与えることになっていた。しかし同六年ごろ、一色義道が信長に背いたので、藤孝によって討たれている。その後、翌七年七月、八上城攻略の余勢を駆って、丹後に侵攻した光秀と藤孝は弓木(ゆみのき)城の一色満信（義道の子）を攻めて降した。満信が藤孝の娘を娶(めと)るという条件で講和したという。

同年十月二十四日、光秀は安土に祇候(しこう)して、信長に丹波・丹後両国の平定を報告した。光秀が信長から丹波国を与えられたのがいつなのか、現存の史料でははっきりしないが、この報告からほどない時期、おそらく翌八年初頭ではないかと推測される。

光秀が三上大蔵大夫など六人の丹波の国人に宛てた書状（正月十三日付）で「当春国役(くにやく)」として十五日間の普請を命じている（『信長文書』補遺二〇七号）。この書状の年次は奥野氏が推定するように天正八年と思われる。国役を命じられるのは、まさに国主の資格にほかならない。このことから、同年はじめに光秀による丹波国一円支配が確定したことを示している。

　また丹後国についても、当初の方針をあらためて、天正八年八月、一色氏ではなく藤孝に与えられた。一色氏は藤孝の与力（よりき）として遇されることになった。

　丹後攻めで共同して軍事行動を行った光秀と藤孝だが、両者の関係は光秀が藤孝に対して上位の支配権を有していたといわれる。たとえば、同年八月、信長は丹後宮津に居城を築くことになった藤孝に対し、「光秀と相談して丈夫に申し付けるのが肝要だ」と指示している。また翌九年九月、信長は藤孝に対して、一色氏の知行分を光秀に預けるよう命じるとともに、光秀に対しても、二万石を一色氏に引き渡し、残りを藤孝に与えるよう命じている。

　つまり、藤孝は居城普請や知行宛行という領国経営上の重要事項について、光秀の指示・指導を受ける仕組みになっていたのである。光秀は同年、大和国の指出検地を実施した。その結果、信長の命で筒井順慶が国主となったが、順慶もまた藤孝と同様に光秀の命令を受けることになった。

　光秀は丹波国と近江国志賀郡を知行しながら、南山城の支配を信長から預けられ、そして丹後国の藤孝や大和国の順慶に対して、組下として従えながら領国経営の指導や軍事指揮権を有する上位者でもあった。高柳光寿氏はそうした光秀の地位を「近畿管領」と呼んでいる。管領という言葉が適切かどうか議論があるところだが、織田家中の有力部将のなかで、畿内近国にもっとも支配力を行使できたことは事実であろう。

「天下の面目をほどこし候」

以上みたように、光秀にとって天正八年が、丹波領有や織田家中での地位の上昇をもたらした画期的な年だったことは確認できた。それを端的に示しているのが信長自身の言葉であろう。同年八月、本願寺教如が大坂から退去した直後、信長は十九カ条の自筆折檻(せっかん)状を佐久間信盛・信栄(のぶひで)父子に突きつけて高野山に追放した。その折檻状の第三条はあまりにも有名である（『信長公記』巻十三）。

一、丹波国日向守働き、天下の面目をほどこし候。次に羽柴藤吉郎、数ヶ国比類なし。然(しかし)て池田勝三郎(恒興)小身といひ、程なく花熊申し付け、是又天下の覚えを取る。爰(ここ)を以て我が心を発し、一(ひと)廉(かど)の働きこれあるべき事。

第一、第二条が佐久間父子の罪を鳴らしたもので、この第三条が一転して、家中のほかの部将たちの働きを対照的に述べたくだりである。そのなかで、信長は光秀の名を一番目にあげて「天下の面目をほどこした」とまで絶賛している。数カ国を切り取った羽柴秀吉よりも先に書いてあることから、信長が光秀の武功を家中第一と考えていたことになる。

信長折檻状によると、佐久間信盛追放の理由をひと言でいえば、「武篇道(ぶへんどう)不甲斐なし」というものだった。信盛は織田家中において格別の地位にあり、三河・尾張・近江・大和・河内・和泉・紀州(根来衆(ねごろしゅう))の、じつに七カ国にまたがって与力衆を従え、本願寺攻めの総司令官でもあった。信盛の改易によってこれら七カ国の与力衆も再編成され、そのうち、大和の国主筒井順慶が光秀の組下に属することになった。これにより、光秀は筒井・細川という二人の分国大名を組下としたので、信盛に代わって畿内近国における最大の実力者として浮上してきたのである。

ところで、佐久間父子の追放と同時に、林秀貞・安藤守就（もりなり）・丹羽氏勝も追放されている。とくに秀貞は信盛とともに信長の尾張時代からの老臣だった。こうした古参の重臣たちが退場したことによって、織田家中の序列や軍団構成も大きく変わった。

各方面で複数の分国から動員した大規模な軍団を指揮し、麾下（きか）だけで敵対する戦国大名と戦える部将は、中国の羽柴秀吉、北陸の柴田勝家、そして畿内の光秀という三人にしぼられた。なお、この年、滝川一益は関東の北条氏の取次をつとめ、二年後の甲州陣ののち、「関東八州の御警固」として東国全域の取次役となる。一益を含めれば、軍団長は四人になったといえよう。

このように、天正八年は信長の光秀に対する信任が頂点に達した時期であり、まさしく光秀の絶頂期といってよいであろう。しかし、絶頂期は往々にして長くは続かない。光秀とて例外ではなく、翌九年早々から陰りが生じてくるのである。それを次章でみてみよう。

第二章　破断への予兆

1　本能寺の変までの二年間に何があったか

良好な関係

前章で、天正八年が信長と光秀の関係における分水嶺（ぶんすいれい）になったこと、そしてこの年を頂点として、その後、両者の関係にしだいに陰りが差してくると述べた。それでは、本能寺の変までの二年間、両者のあいだに何が起きたのか。両者が直接交わった出来事を中心に、相剋から破綻にいたるプロセスを具体的にみてみよう。

この時期の出来事については、近世に編纂されたいわゆる俗書・悪書が虚偽や誇張を交えて叙述しているところである。それだけに、それらをいっさい排除して信頼できる一次史料か、それに準ずる史料にもとづき、信長と光秀のあいだで本能寺の変にいたるなんらかの契機が生じたのか、生じたとすればいつ、どんなかたちなのかを注意深く読み取ることが大事である。

（一）洛中馬揃えの一件

天正九年（一五八一）二月二十八日、信長は朝廷の要望に応えて、洛中で馬揃えを挙行した。信長は光秀に朱印状を与えて、この大イベントの奉行を命じた。この馬揃えには信忠以下の連枝衆、畿内近国の分国大名や有力家来衆、さらに前関白近衛前久以下の陣参公家衆や旧公方衆も参集した。これらの差配全般を光秀が委ねられたのは、近畿管領としての光秀の地位にふさわしいものであり、同時に信長の信任のほどがうかがえる。

なお、信長の朱印状の冒頭に「先度は、爆竹諸道具こしらへ、殊にきらびやかに相調へ、思ひよらずの音信、細々の心懸神妙に候」とあることから、京都馬揃えに先立つ正月十五日、安土城下の馬場で挙行された「爆竹」（馬遊びの一種）でも、光秀が信長の意に沿うよう、その支度や手配をきめ細かく行ったこと、また信長への正月の音信（進物）も細かな心遣いをしたことがわかる（『信長文書』下、九一一号）。

（二）光秀の妹の死

同年八月、折から光秀は大和を訪れ、筒井順慶の大和郡山城普請の様子を視察していた。そのとき、光秀周辺から聞きつけたのであろうか、興福寺の子院、多聞院の学侶英俊が書いた『多聞院』八月二十一日条に「去る七日・八日の比か、惟任の妹の御ツマキ死に了ぬ、信長一段のキヨシ（御旨カ）也、向州（光秀）比類無く力落とす也」と書き記している。光秀の妹「御ツマキ」が死んだため、光秀がたいへん落胆しており、信長も格別に悔やみの言葉を伝えたというのである。光秀の親類の死に対しても、信長が気遣っている様子がうかがえる。

なお、この一節については、勝俣鎮夫氏が引用中の「キヨシ」を「気好」と解して、光秀の妹が信長のお気に入りの側室だったとし、その死を境に信長と光秀の関係が疎遠(そえん)になり、本能寺の変の遠因となったという仮説を打ち出している。しかし、光秀の妹が信長の側室だったという史料は皆無なので、「気好」という読み方は再考の余地がある。

(三) 光秀制定の家中法度

同年十二月四日、光秀は家中に「定　家中法度」を触れた。それは次に述べるように、五カ条の条書から成っている。

第一条 (信長の) 御家老衆・御馬廻衆に途中で挨拶するのは、見かけてから道の一方に寄って、慇懃(いんぎん)に畏(かしこ)まって通すこと。

第二条 坂本と丹波を往復するときは、上 (北) は紫野から白川を通り、下 (南) はしる谷 (滑谷) から大津越えをすべきである (後略)。

第三条 (京に) 用があるときは従者に命じ、洛中ではその者の乗馬を禁ずること。

第四条 洛中洛外を問わず、遊興・見物は禁止すること。

第五条 道で他家の衆と軽率に口論に及ぶのははなはだけしからぬことである。(そうした者は) 理由に関係なく成敗を加える (後略)。

そして最後に「右の趣意は、（信長の）御座所分に対して頗るほど近いので、よくよく思慮してみたところ、万一不慮の事態となったら、悔やんでも取り返しがつかない。結局、若党・下人以下に堅く命じて、もし違反する者がいたら、たちまち刑罰を科すものである」とある。

光秀は洛中に信長の邸宅があるために、自分の家来や郎党たちが洛中でトラブルを起こさぬよう、きめ細かい注意を与え、もし違反すれば、厳罰に処するとしている。光秀の所領が京都に隣接しているだけに、信長の心証を強く意識した内容になっているのが注目される（『山口県史』史料編・中世2）。

（四）安土での正月参賀

翌十年正月元旦、安土に年賀のため身分を問わず多数の人間が参集した。堺衆の津田宗及も祗候した一人で、安土城本丸に竣工成った「御幸之御間」（行幸した天皇を迎える空間）を見学した。宗及は茶湯日記『宗及他会記』に「惟任日向守殿・宮内法印一番也」と記している。光秀と堺代官の松井友閑がまず最初に信長に拝謁したのであろう。羽柴秀吉や柴田勝家が在国中とはいえ、光秀の織田家中での地位の高さがうかがえる。

（五）光秀の茶会での出来事

正月七日、宗及は光秀が開いた茶会に出た。主人の光秀のほかは宗及と山上宗二だけの三人である。場所は光秀の居城である坂本城か、安土にある光秀邸であろう。宗及の茶湯日記『宗及他会記』にはこのときの茶会の様子や茶道具などが箇条書きで記してあり、まず「一、床に上様の御自筆の御書、カケテ（懸）」という一節がある。光秀は茶室の床の間に信長自筆の書を飾っていたのである。『角川茶道大事典』によれば、茶室の床は上段のことで、象徴的な貴人座を意味しているという。つまり、光秀の行為は信長の書を擬人化して床に信長を配するものであり、信長への並々ならぬ敬意を表している。

（六）光秀の甲州出陣

三月五日、信長は甲州攻めのために安土を出陣した。光秀も同日に出陣している。前日の四日、丹波を発した明智勢が京都を通過した。その様子を公家の勧修寺（かじゅうじ）晴豊の日記『晴豊』が次のように記している。

「今日明知（光秀）人数しなの（信濃）へちり〳〵（散り散り）とこし（越）候也、今度大事の陣の由申す、人数おのおのしほ〳〵（しぼしぼ）したるてい（躰）にてせうし（笑止）なるよし（由）、京はら（童）への言也」

明智の兵士たちはまとまらず、分散して信濃へ向かった。兵士たちは元気なくしおれた様子で同情を禁じえなかったと京童たちが語っていたというのである。

一方、公家の吉田兼見の親戚の儒医吉田浄勝（じょうしょう）も安土でこの出陣を見物していた。浄勝が兼見に語ったところによれば、織田軍の軍列は長くて佐和山から安土まで続くほどで、なかでも「日向守殊更多人数、奇麗（きれい）の由」だったという（『兼見』）。

二つの記事をくらべると、相反した部分がある。晴豊では「散り散り」「しぼしぼ」とあって、明智勢の士気が低いようにもみえる。しかし、「散り散り」は明智勢が丹波・坂本・山城の各衆で編成されているから、分散して安土へ向かったのは当然だし、「しぼしぼ」も遠征の多難を思えば無理もない。明智勢にかぎらず、筒井順慶の大和衆も甲州出陣を「殊更遠国迷惑」と受けとめていた（『蓮成院記録』）。

そうであれば、兼見の日記にあるように、光秀の軍勢が「殊更多人数」であった点に注目すべきである。『信長公記』によれば、出陣前の二月九日、信長は「条々御書出」という軍令を発している。その末尾に「遠陣なので人数は少なく召し連れ、在陣中の兵粮（ひようろう）が続くように支給することが肝要である。但し、人数をなるべく多く召し連れるよう、分相応に粉骨すべきである」と書いている。光秀はこの軍令に忠実に、多くの軍勢を引き連れていたと解することができる。

不穏な雲行き

さらに続けてみてみると、これまでと一転して雰囲気が険悪になりはじめる。

（七）安土での徳川家康饗応（きようおう）の一件

五月十五日、徳川家康が駿河・遠江両国拝領の御礼として、武田家の降将である穴山梅雪をともなって安土を表敬訪問した。信長は光秀に十五日から十七日までの三日間、家康饗応役を命じた。『信長公記』によれば、光秀は京や堺から「珍物」を取り揃えたので、そのさまは「生便敷結構（おびただしき）」だったという。

この饗応については、後世、『川角太閤記』で、配膳の生魚が腐っていると信長が怒ったので、憤然とした光秀が饗応の諸道具をすべて堀に捨ててしまったという逸話がこしらえられたが、信ずるに足りない。だが、この饗応の時期に二人のあいだで別の理由によるなんらかの確執があったかもしれない。『日本史』は次のように記している。

「人人が語るところによれば、彼（信長）の好みに合わぬ要件で、明智が言葉を返すと、信長は立ち上がり、怒りをこめ、一度か二度、明智を足蹴にしたということである」

フロイス関係の既刊史料にはおもに二種類あって、右の『日本史』のほか、『日本通信』『日本年報』などがある。前者は私記の性格が強いのに対して、後者はイエズス会本部に宛てた公式の報告書である。後者のほうが前者より誇張が少なくて信頼性は高いと思われる。

この出来事は前者だけに記載されて後者にはないので、信頼性という点ではやや難があるものの、フロイスの没年が慶長二年（一五九七）であることから、執筆時期が最長に見積もっても、本能寺の変から十五年後とさほど下っていないこと、また後述するように、『稲葉家譜』にもこの一件と同様と思われる信長と光秀の確執が存在したのをうかがわせる記事があることから、『日本史』を近世になって成立したほかの俗書と同列に扱うのは適切ではない。

ところで、フロイスはこの出来事が密室で行われたとも記している。それなら第三者がこの出来事を知るのは不可能ではないかという反論も予想されるが、イエズス会が織田権力の中枢に情報網をもっていたのは明らかで、このような公開が憚(はばか)られる情報を入手するルートがあったと考えられる。たとえば、信長の三人の息子はいずれもイエズス会に好意的で、とくに三男信孝は「常に我等の大なる友」で、「異教徒に非ずキリシタンと思はれる程である」と評されていたほどである（『日本年報』上）。このようなイエズス会信者やシンパとなった信長の一門や家臣がフロイスの情報源になった可能性は高い。

（八）那波(なんば)直治の稲葉家帰参の一件

五月二十七日、信長の側近の堀秀政は稲葉貞通(さだみち)（美濃曾根城主）とその家来那波直治に宛てて二通の書状を送っている。そのうち貞通に宛てたものを掲げる（『信長文書』補遺二三六号）。

今度那波与三（直治）方の儀、上意を以てお返し成され候。然(しか)れば、堪忍分として重ねてご扶助の由に候。然るべきお次いでの間申し上げ候処、尤(もっと)もの由御諚(ごじょう)に候。お意得(こころえ)のため申し入れ候。はたまた、久しく申し承らず候。お参りの砌(みぎり)、お尋ね本望たるべく候。かたがた面上の時を期し候。恐々謹言

（天正十年）五月廿七日　　堀久太郎（秀政）

稲葉彦六（貞通）殿

那波直治はもと稲葉一鉄・貞通父子の家来（老臣）だったが、この年に稲葉家を致仕(ちし)して光秀に召し抱えられた。斎藤利三に続いて直治まで光秀に仕えることになり、稲葉父子は面目を失うかたちに

なった。

秀政が直治に宛てたもう一通の書状には「彦六殿より内々仰せ合わせられ候。筋目として重ねてご支配の由承り候」とあることから、その後、貞通から信長に直治をとりもどしてくれるよう内々に訴えたことがわかる。そして秀政が機をみて信長に言上したところ、「筋目」を重視して直治を旧主の貞通に返還させるという「上意」が示されたので、お知らせするというのが秀政書状の趣旨である。

この二通の書状はともに『稲葉家譜』に収録されている。近世に成立した編年体の家譜だが、ところどころに、編者が叙述を裏付けるために稲葉家に伝来する書状など家伝文書を写し取って転載する体裁をとっている。奥野高広氏も、この二通は写しながら内容に不審はなく信用に値するとして、『信長文書』補遺に収録している。

ところで、光秀と稲葉家のあいだのねじれた関係は直治の帰参問題だけではなかった。『稲葉家譜』によれば、信長は直治を稲葉家に帰参させただけでなく、同じように稲葉家から退散した利三には自害を命じたという。しかし、側近の猪子兵介(いのこひょうすけ)がとりなしたため、辛うじて助命され、以前のように光秀に仕えることになった。信長はこの訴訟沙汰につき、光秀を折檻(せっかん)したという。

これが事実とすれば、光秀にも利三にも謀叛を起こす動機が胚胎(はいたい)したとしてもおかしくない。しかも、『稲葉家譜』によれば、この事件は天正十年五月の出来事であり、堀秀政書状の日付は五月二十七日と、本能寺の変のわずか四日前である。当然、政変との因果関係が疑われてもよい。

2　信長と光秀と元親

信長と長宗我部氏の出会い

前節でみたように、天正十年五月中旬前後、信長と光秀の関係がにわかに悪化している形跡がある。史料上の制約があるので検討の余地はあるものの、本能寺の変の直接的な起因をこの時期に認めてもいいかもしれないと考えている。さらにいえば、天正九年初頭あたりからその兆候が表れていたと考えている。

両者の関係悪化の背景にあるものはいったいなんだろうか。その重要な要因のひとつは、すでに高柳光寿・桑田忠親両氏が指摘しているように、四国問題をめぐる対立、とりわけ長宗我部氏に対する認識と対応の違いだと思われる。これまで述べてきた政治的な諸事件はどちらかといえば目に見えるものだったが、四国問題は地理的な関係もあってそうではなかった。しかし、この問題には信長と光秀の立場や利害の違いが先鋭的に表れているのである。すこしくわしくみてみよう。

なお、あらかじめ断っておかなければならないが、信長と長宗我部氏の関係を論じるには一次史料が決定的に不足している。長宗我部氏が断絶したこともあり、わずか数点の関連文書が存在するのみである。そのため、後世の編纂史料にある程度頼らざるをえないところがある。

そのなかでは、『元親記』『長元記』などは長宗我部氏旧臣が著したもので、比較的良質な史料である。ほかにも編年史料の『土佐國紀事略編年』も重宝である。『昔阿波物語』『土佐物語』『南海通記』『香西記』などの軍記物は前二者とくらべると信頼性では劣る。これらの二次的な諸史料を慎重に吟味しながら、適宜利用していきたい。

さて、長宗我部氏は秦の始皇帝の後裔、秦河勝(はたのかわかつ)の子孫と称した。鎌倉時代初期、信濃国から土佐国に移った地頭クラスの豪族だったと思われる。そして長岡郡宗部(そかべ)郷（現・高知県南国市）に定着すると、地名をとって長宗我部氏と称し、土佐中部の長岡郡を中心に勢力を広げた。元親の父国親の代に一度衰えた家を再興し、元親の代になると、本山・吉良・安芸・津野の諸氏を従え、さらに土佐一条氏の所領を手中にし、天正三年（一五七五）七月、土佐国を統一するのに成功した。

元親の伝記『元親記』には「信長卿御上洛以前より申し通じられし也」とあることから、信長の上洛以前、つまり永禄十一年（一五六八）以前からなんらかの交流があったという。また天正三年夏、元親の側近、蜷川道標(にながわどうひょう)が上洛して天龍寺の高僧策彦周良(さくげんしゅうりょう)に元親の法号命名を依頼している（『土佐物語』）。道標は出家前は新右衛門親長といい、幕府政所代(まんどころだい)として執事の伊勢氏に仕えていた。そして斎藤利三の妹婿でもあり、元親とも相婿の関係にあった。上洛した道標が利三や光秀に接触した可能性が当然考えられ、そこで元親の使者派遣が打ち合わされたのではないだろうか。

そして同年十月、元親の使者加久見(かくみ)因幡守が信長に対面する。『元親記』によれば、このとき仲介の労をとったのは堺商人宍喰屋だった。加久見因幡守は元親からの進物として、長光の太刀、馬代金十枚、大鷹二聯を信長に贈った。

　これを取り次いで信長に披露したのが、ほかでもない明智光秀である。『元親記』には「御奏者は明智殿也」とある。光秀の重臣である斎藤利三が元親の「小舅」だった縁から、光秀の「御取合」（仲立ち）が実現したという。「小舅」とは、利三の義妹が元親の正室だったことを指すのであろう。信長と元親の交渉には、最初から光秀―利三ラインがかかわっていたのである。

　余談ながら、『土佐物語』はこの対面についてすこし異なる逸話を載せている。元親の使者は中島可之助で、引見した信長が「元親、無鳥島の蝙蝠なり」と戯れると、可之助が即座に「蓬莱宮のかんてん（寛典、漢天とも）に候」と答えたので、当座即妙の返答使だと感賞したという。しかし、いかにも創作臭く、『元親記』の記事のほうが信頼できると思われるが、使者一行は加久見因幡守だけでなく何人かいたはずで、中島もその一人だったのではないかという見方もある。

　信長と元親の交流を示す初見文書（一次史料）はこのときのものである。元親が使者を送ったのにはもうひとつの目的があった。嫡男弥三郎の偏諱授与を願うことである。弥三郎は当年十一歳である。信長は次に掲げる書状で、弥三郎に一字を与えて信親と名乗らせるとともに、左文字の太刀と栗毛馬一疋を与えた。この偏諱授与には光秀の尽力があったらしい。『長宗我部譜』には「これ（偏諱授与のこと）明智兼ねて申すの故也」と記されている。

もっとも、この信長書状は写しである。信長の署名があるだけで、花押か朱印・黒印のどれが添えられていたか判別できない（『信長文書』五七三号）。とりあえず信長直状と呼んでおく。

惟任日向守に対する書状披見せしめ候、よって阿州面に在陣もっともに候、いよいよ忠節を抽んでらるべき事簡要に候、次に字の儀信を遣わし候、即ち信親然るべく候、猶、惟任申すべく候也、謹言、

十月廿六日　　　　信長

長宗我部弥三郎殿

直状の内容をみると、まず長宗我部側（おそらく元親）が光秀に宛てて書状を送り、次に光秀がそれを信長に披露したという手続きになっている。つまり、長宗我部氏が信長本人に宛てずに取次の光秀に宛てているのである。こうしたやりとりが、すでに両者の地位に上下関係があることをうかがわせる。また偏諱授与も同様で、武家の家中での主従関係を確認したり、将軍が直臣や守護・国人に御恩として与える行為である。さらにいえば、元親が信長に鷹を進上していることも忘れてはならない。この行為が服属の意思表明であることはすでにみてきた。

厳密にいえば、弥三郎信親宛ての直状の日付の時点では、信長はまだ無位無官である。従三位・権大納言に叙任されるのはそれから数日後（十一月四日）のことだったが、元親父子に対する信長の態度はすでに足利将軍に準じているといえよう。ことによると、すでに叙任が内定していることは織り

込みずみだったのかもしれない。

以上の点をふまえると、信長と元親の関係をどのようにとらえればよいのだろうか。両者が同盟関係にあるというのもひとつの見方である。しかし、信長と家康の関係とは明らかに異なる。

戦国大名のあいだで同盟が成立する条件として、藤木久志氏は攻守軍事協定・相互不可侵協定・領土協定・縁組という四つの要素を示し、とくに領土協定が基礎的要件であり、縁組は付帯的条件であるとしている。

信長と家康の関係は明らかに四つの条件を満たしていることから同盟関係にあった。とくに家康のほうが従属的な同盟関係にあったと判断できる。従属的というのは、家康が信長の軍事指揮権に従っている面があること、嫡男信康の実名は信長からの一字拝領であることなどによる。

では、元親も家康同様に信長の従属的な同盟者であろうか。信親への一字拝領など似ている面もあるが、明らかに異なるのは、領国が接していないため領土協定が存在しないことと、攻守軍事協定が結ばれていないことである。元親は信長の戦いに動員されていないし、逆に信長が援軍を送ったこともないことから、元親は家康とくらべて独立性・自律性がより強い。

家康との比較でいえば、信長と元親の関係は東西の遠国大名との儀礼的な服属関係に近いといえよう。

直状の内容にもうすこし立ち入ってみると、「阿州面に在陣もっともに候」という一節が注目される。土佐を統一した元親父子が阿波国に出陣したこと（あるいはこれから出陣すること）を、信長が忠節を尽くす行為だと認めているのである。

この点に関連して、『元親記』は「この由緒を以て、四国の儀は元親手柄次第に切り取り候へと御朱印頂戴されたり」と記している。信長に服属したのをきっかけに、阿波出陣を承認されただけでなく、信長から四国を手柄次第に自由に切り取ってよいという朱印状を与えられたというのである。

その朱印状がほんとうに存在したのかどうかは不明である。少なくとも現存はしていないため、これが史実かどうかは判断できかねるが、右にみたように、信長が弥三郎信親だけに直状を発給するのは不自然だから、当主の元親宛ても存在した可能性が高い。それが『元親記』のいう朱印状だったのかもしれない。また、政治情勢からみても、当時の信長は畿内に本願寺という大敵を抱えており、四国に関心をもつ余裕があったとも思えないので、そのような約束をした可能性は十分考えられる。翌四年から元親が阿波侵攻を本格化させるのはその傍証といえるかもしれない。

織田権力と大津御所体制

ところで、元親の使者となった加久見因幡守だが、長宗我部氏の譜代家臣でも、元親の側近でもない。土佐の西南部にある足摺（あしずり）半島の先端部（現・土佐清水市）を領する国人で、長宗我部氏とは疎遠な間柄である。元親は蜷川道標など京下りの旧幕臣を召し抱えているのに、彼らではなく、加久見のような人物が元親の使者になったのはいささか不自然である。

この点について興味深い解釈をしているのは秋澤繁氏である。加久見氏は十五世紀後半から土佐西南部に中村御所（幡多御所とも）として君臨した土佐一条氏の譜代家臣であるという。土佐一条氏は摂関家の一条教房（従一位・前関白）が応仁・文明の乱を避けて、所領のある土佐国幡多荘に下向してから土着し、在国公家から公家大名へと転身した名門である。加久見氏の娘が教房の側室となって、土佐一条氏の祖である房家を生んだ。加久見氏はそれ以来、土佐一条氏を支える有力家臣となっていた。

その後、土佐一条氏は房家から四代目の兼定の代になると衰えた。兼定は天正元年（一五七三）九月に三十二歳の若さで出家して隠居し、一子万千代に家督を譲った。万千代は同年に元服して内政と名乗る。兼定が出家した理由について、『元親記』は「隠れもなき形儀荒き人」とし、諫言した家臣を手討ちにするなど暴虐が目立ったので、家臣たちが元親と示し合わせて隠居に追い込んだと記している。『土佐物語』や『土佐國紀事略編年』などもほぼ同様の趣旨である。

もっとも、兼定隠居の理由については異論もある。朝倉慶景氏は土佐一条氏の本家である摂関家の一条内基（当時、正二位権大納言）が元亀四年（天正元年、一五七三）六月から天正三年五月までの約二年間、京から下向して土佐に滞在していることを重視している。この期間は兼定から内政への家督相続が行われた時期と重なるからである。

内基の祖父房通は教房の三男であり、土佐一条氏と血縁的に近い。朝倉氏は、そうした縁もあり、内基は土佐一条氏の家臣団から要請されて土佐に下向したとする。その目的は土佐一条氏の救済であり、そのために元親の援助を要請したのだと主張している。内基がめざしたのは土佐一条氏の公家大名から在国公家への変更ないしは縮小にあったと思われる。元親の父国親は幼年時代、土佐一条氏に庇護（ひご）され、その後援によって岡豊（おこう）城に復帰したことがあった。元親はその恩義もあったところに、内基から要請されたので、幼い内政の後見を引き受けたのではないかと朝倉氏は推測する。

朝倉説はまことに興味深く、元親と信長の外交関係成立についても新たな視角を提供しているのではないかと考える。まず内政は天正元年に元服しているが、これは内基の土佐滞在中であることから、その実名は内基からの一字拝領であることはまちがいない。また、元親は内政を岡豊城にほど近い大津城に移して庇護・後見した。さらに時期は不明だが、長女を内政に娶らせて舅となっている。

前述の秋澤氏は、こうした元親と内政の関係を大津御所体制と呼んでいる。その体制とは、元親と京一条氏との政治的妥協の産物であるものの、土佐一条氏を形式的な国主的地位に推戴（すいたい）して、土佐国の統一的な支配秩序の確立を意味した。同時に、この体制を元親が実力によって規定するという性格をもっていた。

秋澤氏は、そのなかでの元親の地位を「信長により大津御所（公家）輔佐を命ぜられた武家に過ぎず、御所体制内に封じ込められた不完全大名（陪臣）と位置付けられている」と指摘する。『信長公記』天正八年六月二十六日条に「土佐国捕佐（輔佐）せしめ候長宗我部土佐守（元親）」とあるのは、元親には輔佐すべき対象が土佐にいることを示している。それは土佐一条氏ということになろう。

こうした長宗我部氏に対する上方での見方はその後も根強かった。『多聞院』天正十三年六月二十一日条にも「土佐大将は長曽(ママ)我部と云人也、(中略)土佐の一条殿の内一段の武者也と云々」とあり、信長死後、四国統一を目前にしながらもなお、元親は土佐一条氏の内衆とみなされているほどである。戦国大名の長宗我部氏に対していささか過小評価ではないかという気がするが、このようにみれば、土佐一条氏の譜代家臣である加久見因幡守が使者となった理由も理解できる。因幡守は元親も含む大津御所体制の使者だったということになろう。

一方、信長が元親の土佐統一と大津御所体制を承認するにあたって、摂関家の一条内基が大津御所体制の後援者であることを重視していたのではないだろうか。一条氏の影響力もあわせると、織田権力は二重に元親と大津御所体制を統制できるからである。

ところで、元親が信長に使者を送ったのには、もうひとつ政治的な意図があったと考えられる。それは阿波・讃岐と河内を根拠にする三好一族の動向と関連していた。

元親が使者を送った年の四月、信長は河内国に侵攻して、永年敵対していた高屋城主の三好康長(山城守、笑巌(しょうがん))を降伏させた。康長は堺代官の松井友閑を通じて帰順し、そのさい、三日月の葉茶壺を信長に献上している。康長の帰順によって「河内表過半、彼の手に属し候」という有様になった。

康長は一時期畿内政権を樹立した三好長慶(ながよし)の叔父にあたるとされ、三好一族の長老格だった。三好一族といっても、長慶から義継に受け継がれた本宗家とは別に阿波三好家がある。康長は阿波三好家に属した。天野忠幸氏によれば、長慶の弟、実休（義賢）が阿波守護家の細川持隆を討ったことで、守護家から軍事動員権を奪取し、また長慶とともに将軍義輝の相伴衆になったことから、阿波三好家が本宗家とは異なる家として成立したとする。永禄末年段階における阿波三好家の支配範囲は、阿波・讃岐・淡路の一部と南河内だった。

阿波三好家は実休の死後、その子長治が家督を継いで勝瑞城にあり、南河内は康長らが高屋城に在城し、讃岐には長治弟の存保に十河氏を継がせて服属させていた。

康長は河内で松永久秀や畠山高政・昭高父子とたびたび戦った。信長が足利義昭を奉じて上洛してくると、三好三人衆とともに京都六条の本国寺に将軍義昭を襲撃している。また元亀元年（一五七〇）には摂津野田城に籠って信長に抵抗している。畠山昭高の高屋城を攻めたときも、織田軍の加勢と戦っている。

このように信長に激しく敵対した経歴をもつ康長だったが、康長の帰順で河内がほとんど平定された功により、河内半国守護として厚遇された。康長は同年十月、松井友閑とともに本願寺に赴き、信長との和睦成立に一役買った。

康長が信長に帰順したことにより、阿波三好家は分裂することになった。阿波・讃岐に残っている阿波三好家は康長の離脱をどのように受けとめたのだろうか。紀州雑賀の年寄衆が甲斐の武田勝頼の上方使者である八重森因幡守に宛てた書状には、「然りといえども、阿州・淡州の儀、連々是より申し調えるにより、三山(三好康長)へ許容なく、大坂(本願寺)に対し別儀なく候」とあり、阿波や淡路の三好一族は信長に降伏した康長を許容せず、あくまで本願寺に味方するつもりだと観測していた。

元親の使者が上京して信長から阿波平定自由のお墨付きを得たのと、康長が信長に降伏したのは、ほぼ同じ時期である。これはたんなる偶然ではないだろう。元親は阿波三好家の分裂と弱体化という好機をとらえた信長に接近したのである。

そして結果は元親の思惑どおりとなった。それには、取次の光秀の後押しがあったとみてよいだろう。信長は帰順したばかりの康長の利害よりも、信頼する老臣である光秀の意向を優先したのである。帰参時期や忠節の度合いにおいて、光秀の影響力が阿波三好家の存在よりも優位にあったといえる。

四国で争う親信長派の二勢力

信長からお墨付きを得た元親は翌四年(一五七六)から本格的に阿波への侵攻を開始した。長宗我部軍は阿波南部の海部郡に侵入し、元親は弟香宗我部親泰を阿波南部の軍代として海部城に置いた。これにより、元親は阿波侵略の橋頭堡を得たのである。

天野忠幸氏によれば、三好長治が宿老の篠原長房を討つときに、細川真之を阿波国内の軍事行動に担ぎ出したため、阿波守護細川氏の軍事動員権の復活を許してしまい、阿波南半の国人たちが真之に服属するようになったという。

真之は阿波守護家細川氏の当主で、父は持隆である。持隆は長治の父実休に殺害されていた。阿波細川氏は「下屋形」として本宗の細川京兆家に次ぐ家柄を誇っていたが、京兆家と同様に衰えて久しかった。

ともあれ、真之が一時的に復活したことで阿波国内が分裂した。その機に乗じて真之に加担するかたちで阿波に介入してきたのが元親だったともいえよう。同年十二月二十七日、真之に率いられた国人の一宮成祐（なりすけ）・伊沢頼俊らの軍勢が長治を攻めて自害に追い込んだ。真之は元親を後ろ盾にして積年の恨みを晴らしたのだ。なお、通説では長治が自害したのは天正五年三月二十八日とされるが、近年では前年十二月説が有力である。

翌五年ごろ、元親は阿波西部の三好郡に侵入して大西氏を逐（お）い、白地（はくち）に新城を築いた（大西城とも）。白地は阿波・讃岐・伊予の三カ国の国境が接する要所だった。

同六年正月になると、長治の実弟、十河存保が堺から渡海して勝瑞城に入った。そして長治の跡を継いで阿波三好家の家督を継いで三好民部大輔存保と名乗った。『南海通記』によれば、信長の命により阿波の守護職として下向したという。存保の家督相続にあたっては、阿波三好家宿老の篠原自遁（じとん）が一時妨害するなど、もともとその基盤は脆弱だった。

この年、元親は讃岐国にも侵入して国人たちを従え、その西部をほぼ平定した。なかでも、西讃きっての有力国人である香川信景（天霧城主）が服属したことは元親の讃岐平定を大きく前進させた。

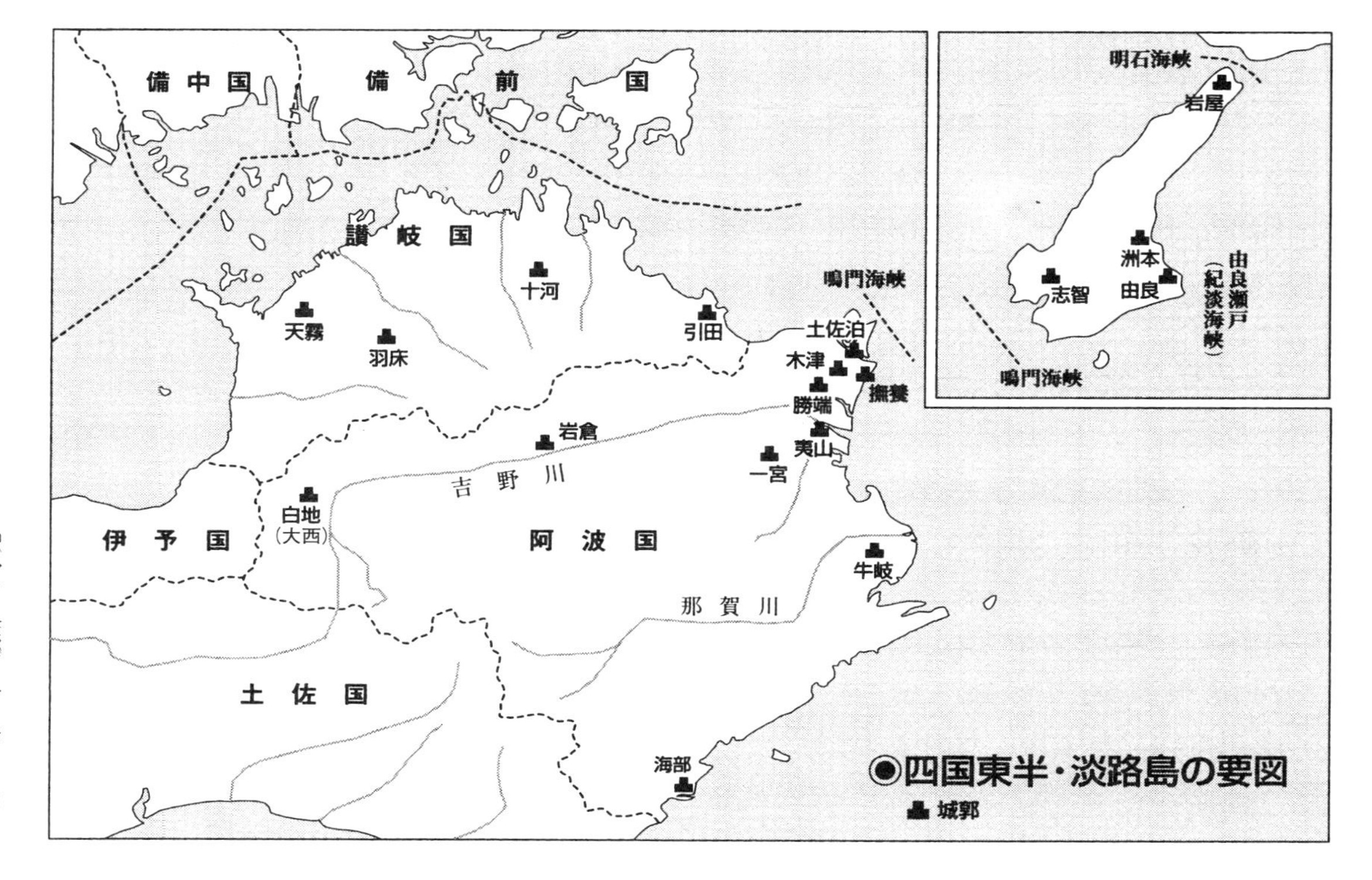
備中国
備前国
讃岐国
天霧
羽床
十河
引田
鳴門海峡
土佐泊
木津
撫養
勝端
岩倉
夷山
一宮
吉野川
白地(大西)
伊予国
阿波国
牛岐
那賀川
土佐国
海部
明石海峡
岩屋
洲本
由良
志智
由良瀬戸(紀淡海峡)
鳴門海峡
城郭
●四国東半・淡路島の要図

元親は二男親和を信景の養子（女婿とも）として親交を結んだ。これにより両氏のあいだで同盟関係が結ばれたといってよい。

ところで、信景は前名を之景（ゆきかげ）といったが、信長から一字拝領して信景と改名したという。同三年に河内の三好康長らが信長に降伏したことで、阿波・讃岐の三好氏勢力が後退したのに乗じて、信景は三好氏の支配下から離れて信長に従ったのだろう。

元親と信景は信長に服属している。一方の三好存保も三好康長の縁者であり、阿波に渡海したのも信長の了解を得たものと思われる。つまり、長宗我部と三好の両陣営とも、親信長派ということになる。

ともに親信長派と称しながら、両陣営が互いに抗争するのは、織田権力が四国と領国を接していないために統制力が弱く、なによりも在地の利害・対立が優先されたからである。ここに四国東半情勢が複雑で流動的な背景があった。この混沌とした政情が煮詰まって白黒がかなりくっきりしてくるのは、やはり天正九年からである。

近衛前久を援助した元親

元親がこうした抗争に身を置きながら、一方で、織田権力のために骨折りをし、服属の実を示している。たとえば、前関白近衛前久の九州下向にあたっての警固船の手配がある。

前久は将軍義昭との不仲から大坂や丹波に在国していたが、信長が義昭を追放したのにともない、天正三年六月にいったん帰洛した。しかし、同年九月、前久は九州に旅立つ。立ち寄った先は豊後大友氏、日向伊東氏、肥後相良氏、薩摩島津氏といった大名家である。ちょうど伊東氏と島津氏の抗争が最終局面を迎えていた時期だった。前久は両者の和睦と、島津氏と相良氏の和睦を調停している。

前久の下向には、信長家臣の伊勢貞知も同行していた。貞知は幕府政所執事を代々つとめた伊勢伊勢守の庶流だから旧幕臣である。貞知が同行したことは、前久の下向に信長の意向もいくぶんか含まれていたと考えられる。

『蜷川家文書』には、伊勢貞知と元親に宛てた前久書状（天正五年二月付）がそれぞれ一点ずつ収録されている（八一八・八一九号）。

貞知宛てでは、元親が疎意なく馳走してくれたので、奇特で頼もしいと前久が元親に感謝している。船便の手配については、薩摩から豊後までは島津氏と大友氏の仲が悪いので手配を遠慮したが、豊後から土佐の吉良親貞（元親次弟、幡多郡中村領主）の所領まで送ってもらったと貞知に伝えている。

元親宛てでは、前久が土佐の浦戸に逗留中、元親が種々馳走してくれたうえ、「海上不通の刻」に船で摂津兵庫まで運んでくれて祝着の至りであると謝意を述べている。このころ、本願寺合戦がたけなわであり、瀬戸内東半から大坂湾の制海権は毛利や本願寺方が握っていたと思われ、土佐から兵庫までの渡航はいろいろ困難がともなったことを示している。前久は先に帰京したと思われる貞知に次のように述べている。

（前略）返々、向後元親別して申し談ずべく候、京都の儀において、何様の儀たると雖も、無二に馳走せしめ、疎意有るべからず候

「京都の儀」とは天下＝中央政局のことであり、信長の意向・存在も指している。前久は今後どのようなことがあっても、元親を信長に奉仕させ昵懇にさせるつもりだというのである。元親は一条内基だけでなく近衛前久とも親密な関係となり、信長周辺における摂関家の二家という有力な支持者を得たことになる。

元親の阿波支配を認めた信長

天正六、七年の信長と元親の関係は史料不足のためよくわからないが、同八年（一五八〇）になると、両者の交渉が再び活発になる。次の二つの史料をみてみよう。

①『信長公記』巻十三

六月廿六日、土佐国捕佐（輔佐）せしめ候長宗我部土佐守、維（惟）任日向守執奏にて御音信として御鷹十六聯、幷に砂糖三千斤進上。則ち、御馬廻衆へ砂糖下され候き

②『土佐国蠹簡集』四二一号

大坂存分に属すに就きて音問、殊に伊予鶴五居到来、遠境懇情斜めならず候、隣国との干戈の事、かれこれ惟任日向守申すべく候也、謹言

十二月廿五日　　信長

長宗我部宮内少輔（元親）殿

この年に元親は二度にわたって使者を送り、信長に音信している。とりわけ、①の砂糖三千斤は南国ならではの進物である。「捕佐」（輔佐）はこれまでみたように、元親が土佐一条氏を形式上戴いた大津御所体制での地位を意味する。

②は大坂の本願寺が降伏したことを慶賀したものである。この年八月に教如が退城したことを指すのであろう。とすれば、①もこの年三月の顕如の雑賀退去を祝賀したものではないだろうか。

注目されるのは、両方の使者とも光秀が奏者をつとめて信長とのあいだをとりもっていることである。取次役の光秀を介した両者の関係は同年まで良好だったとみてよい。とくに、②に「隣国との干戈の事」とあるのは、元親の阿波への関与を意味している。そのことと関連すると思われるのが、次の二つの史料である。

③『信長文書』九二八号

三好式部少輔（しきぶのしょう）の事、此方（こなた）に別心なく候、然（しか）してその面（おもて）において相談（あいだん）ぜられ候旨、先々相通わすの段、異儀（議）なきの条珍重に候、猶もって阿州面の事、別して馳走専一に候、猶三好山城守（康長）申すべく候也、謹言

（天正八年）六月十二日　　信長（朱印）

香宗我部安芸守（親泰）殿

④『信長文書』九二八号［参考］

爾来申し承らず候、よって阿州表の儀、信長より朱印を以て申され候、向後は別して御入眼快然たるべき趣、相心得申すべき旨に候、随って同名式部少輔の事、一円若輩に候、殊更近年怱劇に就きて、無力の仕立て候条、諸事御指南希う所に候、いよいよ御肝煎我等においても珍重たるべく候、恐々謹言

三好山城守

康慶（康長）（花押）

（天正八年）

六月十四日

香曽（ママ）我部安芸守殿

御宿所

③が元親の実弟、香宗我部親泰に宛てた信長朱印状であり、④はその副状で三好康長（康慶）が同じく親泰に宛てたものである。通常、こうした副状は取次（この場合なら光秀）が書くものだが、これは例外で、康長が元親に和睦を誓う内容であることから、康長が添えたものになっている。

なお、康長が康慶に改名しているのは、康長の「長」が信長の一字と同じで、しかも実名の下の字になることを不敬として憚ったためだろう。本書においても、本来、改名後の康慶を使用すべきであるが、混乱を避けるため、康長のまま通したい。

③④とも、年次は天正八年（一五八〇）である。元親が本願寺降伏を祝するために弟の親泰を派遣

したのである。

③では、信長は三好式部少輔が自分に異心をもっていないことを認めながら、阿波でも元親と式部少輔が良好な関係であることを確認する内容になっている。阿波三好家の一員ながら元親に服属した式部少輔の処遇を保証するもので、元親の意向を信長が承認する意味合いが強い。

このことは信長が元親の阿波における既得権益を承認したことを意味した。それにともない、奏者の康長も元親の阿波平定を喜んでいること（御入眼快然たるべき趣）を表明する。それを確認したうえで、康長は一族の三好式部少輔の処遇を取り計らってくれるよう元親に依頼するというかたちになっている。もっとも、本貫（ほんがん）の地を元親に奪われた康長の内心は複雑だったにちがいない。

ところで、④にある「近年忩劇」は何を指すのだろうか。「忩劇」とは「いざこざなどによる世の騒ぎ」（小学館『日本国語大辞典』）から転じて、家中騒動や政変などを意味することが多い。この時期の阿波での騒動といえば、天正四年末の三好長治自刃が思いあたるが、すこし時間が空いている。この場合、『元親記』や『三好家成立之事』などにみえる同七年十二月ごろの岩倉城合戦を指すのではないだろうか。岩倉城に攻め寄せた三好存保は重臣や多くの兵を失う大敗北を喫した挙句、阿波を保てなくなり讃岐への退隠を余儀なくされた。阿波国主の国外逃亡という事態は「忩劇」にふさわしいのではないか。

このとき、式部少輔は元親に降って存保に敵対することを余儀なくされた。主家から離脱して長宗我部氏に服属することになった式部少輔の微妙な立場を、信長が追認し、阿波三好家の長老格である康長も不承不承認めざるをえなかったというのが③④の趣旨であろう。このことは康長にとって、本貫の地を元親に譲るという屈辱的な意味合いもあった。翌九年前半の康長の阿波渡海は失地回復が目的だったにちがいない。

なお、阿波情勢のキーパーソンの一人となった三好式部少輔（岩倉城主）について付言しておきたい。『南海通記』によれば、式部少輔は初名を徳太郎と称し、康長の子（嫡子、長子）だったとする。また比較的信頼できる『元親記』も式部少輔にふれた一節で「親正厳（笑厳）」（笑厳は康長の入道名）として、康長が父親だとしている。

しかし、康長と式部少輔は必ずしも親子関係だとはかぎらないと思う。一次史料である康長書状④に「同名式部少輔」とあるのがその理由のひとつである。「同名」はたとえば同名衆と使うように、ふつうは名字を同じくする一族や一門という意味で、必ずしも親子関係を意味しない。また親子であれば、康長は「一子」とか「倅（せがれ）」といった文言を用いるのではないだろうか。

次に、『三好家成立之事』や『三好記』といった三好一族の編纂史料に、阿波国主の三好長治が自害したとき、長治に諫言（かんげん）して遠ざけられていた側近の三好式部少輔康俊という者があとを追って殉死（じゅんし）したという記事がある。官途名が式部少輔であることに注目したい。ふつう、こうした官途名は世襲されることが多い。また『阿波誌』には、美馬郡の「岩倉塁」（岩倉城のこと）に「永禄中源康俊此に據る」と書かれている。三好氏は小笠原氏の流れなので清和源氏である。だから、「源康俊」とは三好式部少輔康俊を指すとみてよいし、岩倉城主だったことが注目される。式部少輔も岩倉城主だから、康俊は式部少輔の父親かそれに近い人物だとみてよいのではないか。そうだとすれば、式部少輔は康長の子ではなく、同族の一人として、康長から岩倉城を預けられていたといえよう。

康長に男子がいたのか否か、いたとすれば式部少輔だったのか否かは意外と重要な問題である。信長三男信孝や羽柴秀吉の甥秀次が康長の養子となったこととかかわってくるからである。天正十年五月までに信孝が康長の養子になったのは確実である。それならば、その時点の康長に男子がいなかった可能性が高いとみるべきだろう。

元親と康長との対立激化

天正八年末まで、元親と信長の友好関係は維持されていた。それは元親の阿波支配という実績にもとづき、信長がそれを追認したことを意味していた。その過程で光秀の取次が功を奏したともいえるだろう。とくに康長は信長の朱印状によって、一族の三好式部少輔が元親に服属することをしぶしぶ呑まされたのである。

しかし、翌九年初頭から康長が巻き返しに出る。この年正月二十三日、信長は洛中で挙行する馬揃えの総奉行を光秀に命じた。その朱印状には、馬揃えに動員する家臣団を国ごとに書き上げてある。そのなかで河内衆は「河内にては、多羅尾父子三人（綱知等）・池田丹後（教正）・野間左橋（長前）・同与兵衛、その外取次は結城(ジョアン)・安見新七郎・三好山城守(康長)、これは阿波へ遣わし候間、その用意これを除くべし」とある（『立入左京亮入道隆佐記』、『信長文書』九一一号）。

この朱印状にあるように、康長は阿波に渡海することになったため、馬揃えの軍役を免除されたのである。康長が渡海した目的は何かといえば、おそらく同族で讃岐に逃れた阿波三好家の当主の三好存保を再び勝瑞城にもどすことだったにちがいない。『南海通記』によれば、康長は同年二月二十日、まず讃岐に渡ったという。十河城の三好存保と合流するためだろう。

この康長の動きは、個人的な動機としては本貫の地である岩倉奪回という目的を秘めながら、大義名分としては、讃岐に退去を余儀なくされた三好存保を援助して阿波三好家を再興したいという目的を掲げ、その趣旨を訴えて信長から渡海を裁可されたと考えるべきだろう。

一方、信長も当時、前年取り交わされた元親と康長の和睦を反古(ほご)にすることを承知していたはずである。信長は元親と康長を両天秤にかけていた段階から、康長のほうに軸足を移したといえそうである。

天正三年以来、信長は明智光秀を介して長宗我部氏を服属させ、その阿波平定を追認しながらも、三好長治横死後、三好存保の阿波入部を認めて阿波三好家の当主の地位を承認するという相矛盾する態度をとってきた。しかし、康長の阿波渡海を認めたのを機に、信長はそれまでの四国問題への不干渉政策（長宗我部・三好両氏の自力救済の容認政策）を変更したことを示している。

そのことと関連があるのか、この前後に元親が重大な決断を下している。九年二月、元親が庇護していた大津御所を廃絶し、当主一条内政を伊予に追放したのである。

前年の八年夏、元親の妹婿である波川玄蕃（はかわげんば）清宗が反逆したので、元親はこれを討った。『元親記』によれば、この反逆に大津御所の一条内政も連判していたと風聞されたが、元親はあえて問いつめないでいた。ところが、その後、内政が連判していたことを示す「廻文状」が出てきたため、元親はとうとう女婿の内政を追放した。これによって大津御所体制は解体したわけで、名実ともに元親が土佐の大名となったことになる。

一方、大津御所体制は織田権力と摂関家の一条氏によって信任されていたことは先に述べた。秋澤繁氏はその点を重視して「翌（天正）九年二月元親の内政追放すなわち大津御所体制解体は、両者の外交関係に決定的な破綻を招来する一大契機と評価されよう」と評している。元親が内政を追放したことが、長宗我部方と織田権力の断交につながったという見方である。

ただ、康長の阿波渡海と大津御所解体の時期的な因果関係が微妙である。両者にはたして因果関係があったかは定かではない。結果的には康長の渡海に信長の後押しがあるという大義名分を与えたとはいえる。いずれにせよ、信長と元親の関係が以前とくらべて疎遠になったことだけは疑いない。

元親の危惧――秀吉宛て元親書状から

織田家中で、長宗我部氏ともっとも懇意なのは光秀とその家中であることはまちがいない。とはいえ、戦国大名にとって情報と人脈は重要である。それは長宗我部氏とて例外ではない。だから、元親は織田家中との交流を光秀に限定せず、羽柴秀吉とも交流をもちながら、織田家中や上方の情報を入手しようとしていた。このことはあまり知られていない。

天正八年（一五八〇）六月十九日、秀吉が元親に宛てた書状がある（『紀伊続風土記』三）。秀吉は折から播磨に残る反織田方を掃討するとともに、因幡鳥取城を包囲しており、その様子をくわしく元親に知らせる内容である。しかも、それを取り次いでいるのが斎藤利三であることも注目されるが、この点については第四章で後述したい。

右の秀吉書状はすでに知られており、これ以前から両者のあいだでは何度か書状の往来があったことがわかるが、近年、藤田達生氏が右の秀吉書状に対する元親の返状（十一月二十四日付「吉田文書」）を紹介している。

この元親書状は、織田権力と長宗我部氏の交渉の空白部分を埋めるものであり、とくに両者が断交にいたるプロセスを理解するうえで、きわめて重要な史料である。元親書状は八カ条の一つ書形式になっているが、紙数の関係でいくつかにしぼって取り上げてみたい。

まず、第一条で、右の秀吉書状（六月十九日付）が八月中旬に着き、さらに九月一日付の別の秀吉書状が十月中旬に着いたことを元親が述べていることから、両者のあいだでひんぱんに書状のやりとりが行われていたことがわかる。

注目すべきは第三条である。

> 一、先度在陣中より注進せしめ候如く、讃州十河・羽床両城取り詰め両落去半ば、大坂を逃げ下る牢人共紀州・淡州相催し、阿州勝瑞へ取り渡り再乱に及び、一宮の城を取り巻き候の条、十河・羽床搦手には対陣付け置き、一宮後巻のため阿州に至り馳せ向ひ候処、此方備えまちうけず、敵即ち敗北候、追って一戦に及ぶべき処、阿州南方にこれある新開道善と申す者をはじめ雑賀の者に同心せしめ、大都敵心の輩これあるにより、軍利計り難く、まず謀叛の輩共、或いは誅伐せしめ、或いは追討せしめ、勝瑞一所に責め縮め、方角要（ママ）害・番手等堅固に申し付け、一旦汗馬を休め候、敵方手成武篇に於いては手に取り見究め申す間、御心易かるべく候

大意をとってみる。

長宗我部軍が讃岐の十河・羽床の両城を囲んで、落城間近のとき、降伏した大坂の本願寺から牢人衆が渡海して阿波に逃げ込み、紀州（反信長の雑賀衆か）や淡州の連中と結んで、勝瑞城を奪って再び反乱し、一宮城をとりまいた。その急報を受けた元親は十河・羽床の両城に一部兵を残して一宮城を後詰するために阿波に進出し、敵と一戦してこれを破った。さらに追撃しようとしたが、南方の新開道善（牛岐城主）などの阿波衆に雑賀衆が味方して、おおかたが敵の色をあらわしたため、これを破る成算がなかったので、とりあえず敵を勝瑞城に押し込め、方々に要害を築くよう命じて、いったん兵を退きました。敵方の武辺のほどは手に取るように見究めており

ますので、ご安心ください。

これは意外な内容である。同年八月、最後まで本願寺に立て籠った教如が開城したとき、なおも抗戦の意思を捨てない牢人衆が海を渡り、紀州衆や淡州衆を誘って勝瑞城を占拠し、さらに一宮城を囲んだというのである。前年十二月、三好存保は岩倉城合戦で長宗我部方に大敗し、翌八年正月、勝瑞城を保てずに讃岐十河城に逃げていたから、勝瑞城は無主に近い手薄な状態だったのではないか。だから、牢人衆が容易に占拠できたのだろう。一宮城には元親に降った一宮成助がいた。元親の阿波進攻は成助を救援するのも目的のひとつだった。

元親は本願寺残党の牢人衆と、それに味方する新開道善や雑賀衆と戦っていることから、あくまで織田権力側としての軍事行動だといえる。勝瑞城をあえて落とさなかったのは、その余力がなかったというよりも、織田権力に配慮したためであるようだ。

元親書状の第四条に、紀州衆が「四国行の段、御朱印（信長からの四国攻めの朱印状）」を頂戴したから蜂起したという謀略を仕掛けていたから、問題はその作戦の大将がだれになるかだった。「万一如何様に、御下知成され候哉とひとまず戦中遠慮を加え候」とあり、元親は信長の意向がわからなかったので、ひとまず遠慮したと述べている。

それとともに、第六条で「三好山城守、近日讃州安富館に至り、下国必定に候」とも述べて、三好康長が近日中に讃岐に着到し、阿波もうかがいそうな動きを元親は察知し、危惧を抱いていた。

翌年早々、元親の危惧は的中する。元親が勝瑞城を接収しなかったことが、その後、元親に不利に働いたのではないか。翌九年（一五八一）二月、三好康長が信長の命により阿波に入って勝瑞城をとりもどした。従来、康長のこの行動は長宗我部方との戦いだとされていたが、どうやらそうではなく、本願寺残党である牢人衆の掃討作戦だった可能性が高い。

これによって、康長は阿波北半を確保するとともに、十河城の三好存保を救出することにも成功し、讃岐東半を勢力圏に収めたのではないだろうか。この康長の動きが、元親の織田権力への疑惑と不信感を高めたと思われるのだ。

元親書状の第五条が決定的に重要である。

「一、阿・讃平均（へいぎん）においては、不肖の身上たりといえども、西国表お手遣（てづか）いの節は、随分相当のご馳走を致し、粉骨を詢（はか）るべく念願ばかりに候」

元親は、阿波・讃岐両国を平定できれば、西国表への出兵に最大の協力を惜しまないと述べている。西国表への出兵とは毛利攻めやその後の九州攻めを想定している。元親は天正三年の信長朱印状の趣旨のとおり、阿波・讃岐の領有を条件に織田権力に従うという態度を明らかにしている。逆にいえば、この条件が実現しないと、そのかぎりではないというわけで、元親は秀吉を通じて、自分と康長のどちらをとるのかと信長に打診しようとしていた。康長の四国渡海を機に、四国情勢は大きく転換しようとしていた。

羽柴秀吉の阿波介入

天正九年（一五八一）二月、三好康長は讃岐から阿波へと入って勝瑞城を回復し、三好存保を同城に復帰させた。同年七月、存保は復帰した勢いで、家宰(かさい)の篠原自遁(じとん)らとともに長宗我部方の一宮成助を攻めた。元親は久武親直に成助を救援させたので、自遁らは攻めきれずに退却せざるをえなかった。これを機に、阿波では三好と長宗我部の対立が鮮明になった。元親は康長の阿波居座りを織田権力の約定違反としてこれを許さず、反攻に出た。その後のいきさつはよくわからないが、同年秋、康長はいったん上方に帰還している。これは長宗我部方の攻勢に耐えきれなかったからではないだろうか。同年九月、今度は羽柴秀吉の水軍が阿波に進出してきた。秀吉は阿波三好家の家宰である篠原自遁の要請で水軍を派遣したという。そのことは、康長をはじめとする阿波三好家の力だけでは、長宗我部方の攻勢が手に負えなくなったことを示している。

元親は光秀だけでなく、秀吉を介しても信長と交渉し、阿波・讃岐の領有を強く訴えていた。しかし、仲介者だったはずの秀吉が今度は元親の前に立ちふさがることになった。

もっとも、秀吉は折から因幡鳥取城を包囲していたため、腹心の黒田孝高(よしたか)に淡路島に渡海して水軍の指揮をとるように命じた。鳥取在陣中の秀吉が孝高に九月十二日付で送った書状には次のようにある（『黒田家文書』第一巻、五〇号）。

猶以て舟の儀、者入り次第、梶原弥介方に申すべき候、以上、阿州自遁（篠原）かたより、かくのごとく注進候、然れば、勝瑞の城いずれの道にも相渡し候はば、権兵衛（仙石秀久）に淡州衆召し連れ入城せしむべきの由申し遣わし候、生甚（生駒親正）・明与四（明石則実）は、自遁の城まで渡海せしむべく候、左様候はば、その方早々相越され、野孫五（野口長宗）の城に在城候て、右の両人を自遁の城へ相越すべく候、そのため申し遣わし候、恐々謹言

筑前守

九月十二日　秀吉（花押）

黒田官兵衛殿

（割印）

これによれば、阿波三好家の家宰である篠原自遁が秀吉に何かを注進した。それで秀吉がなんらかの方法で勝瑞城を引き渡せば、仙石秀久に淡路衆を率いて入城させると答えたというのである。そして、自遁の居城である木津城（阿波国板野郡撫養（むや））には、生駒（いこま）親正・明石則実（のりざね）を入れるので、孝高には野口長宗のいる淡路志智城に急ぎ在城して渡海せよと命じている。

自遁の注進の中身は、秀吉のその後の応対を考えれば、長宗我部方の圧迫による救援要請であるのはまちがいない。阿波三好家の居城である勝瑞城に羽柴勢を引き入れなければならないほど危機的な状況だったことを示している。

秀吉はこのとき、孝高だけでなく阿波に渡海した生駒親正にもほぼ同じ時期に書状を送っていた

尚以て、長宗我部方よりも申し分候へ共、返事に能わず候、已上、

阿州表の儀、重ねて　申し越され候、勝瑞いよいよ堅固の由、尤もに候、淡路衆毎日追々渡海の旨然るべく候、行の儀は自遁その外いずれもの人質共悉く丈夫に請け取り、その上において、おのおのを相越し、人数壱万余も差し越し申し付くべく候、彼の人質請け取り次第、人数の儀何ほども申し付くべく候、それ已前の事は、聊爾の行これあるまじく候、警固船などいずれも召し寄せ、油断なく申し付けられ候、恐々謹言

筑前守

（天正九年カ）
九月八日　秀吉（花押）

（親正）
生駒甚介殿

（『阿波國徵古雑抄』巻四）。

じつをいえば、この書状の年次はまだ確定していない。この書状を載せた『阿波國徵古雑抄』の編者は不明だとしている。唯一、年次比定をしたのは三鬼清一郎氏の編纂した『豊臣秀吉文書目録』で天正十二年だとしているが、私は天正九年だと考えている。

内容をみてみよう。秀吉は親正に自遁をはじめ阿波衆から徹底的に人質を徴することを命じている。黒田孝高宛ての別の書状によれば、これらの人質はすべて、孝高の在陣する淡路島の志智城に集められたという（『黒田家文書』一―五二号）。そのうえで、秀吉は軍勢一万余を派遣するよう命じるつもり

であると述べているから、羽柴水軍の阿波進出が本格的なものだったことがわかる。ちなみに、秀吉はこの時期、鳥取城の包囲戦に全力をあげていた。それでもなお、阿波に一万人の軍勢を派遣できるだけの余力があったことになる。

また尚々書（なおなおがき）に、「長宗我部方より申し分があっても返事をしないでよい」と親正に命じている。元親は信長から「四国の儀は元親手柄次第」とお墨付きを得ていた。だから、なぜ阿波の問題に羽柴勢が介入してくるのかという抗議を秀吉は予想していたからだろう。

また十月になって秀吉が孝高に宛てた書状によれば、秀吉は木津・土佐泊（とさどまり）の両城に兵粮や玉薬の備蓄を命じる一方で、「讃岐表事、敵引き退き候由」とも述べており、長宗我部方の攻勢をいちおう撃退したようである（『黒田家文書』一―五三号）。

もっとも、羽柴水軍の行動範囲は限定的なものだったと思われる。淡路島に孝高を派遣して拠点としながら、阿波では吉野川河口付近の木津城と土佐泊城、そして勝瑞城の確保というかたちで沿岸線の要所を押さえただけで、内陸部への進出は控えたか、不可能だったと考えられる。長宗我部方に阻（はば）まれたとみるべきだろう。

三好康長の養子問題――秀次はいつ養子になったか

羽柴秀吉の阿波介入は織田権力が四国に本格的に進出したという意味で、四国情勢を転換させる契機になったといえる。とりわけ、それまで明智光秀が長宗我部元親の取次として四国政策をほぼ一手に独占していたのに対して、秀吉が三好氏の後援者として介入してきたかたちになった。

そうした秀吉の行動に着目した藤田達生氏は「四国政策が変更された原因のひとつは、信長の重臣間で発生した派閥抗争というべき対立にあった」と評価している。四国政策をめぐって、秀吉が光秀と争った末に優勢となったので、発言力が低下することに光秀が危機感をもち、謀叛に飛躍する原因のひとつになったというのである。

藤田説のこの見方の裏付けとされるのが、秀吉が甥の秀次を三好康長の養子にしたとする点である。秀次を媒介に康長との協力関係を結んだことで、秀吉が四国に勢力を扶植（ふしょく）するのに有利に働いたとしている。秀次が康長の養子になった時期について、藤田説は遅くとも天正九年三月までのうちだとしている。

光秀謀叛の原因のひとつとして、秀吉との競合説（とくに秀次の養子問題）をあげたのは、おそらく高柳光寿氏が最初であろう。藤田説は高柳説を継承しているわけである。そのうち、秀次の康長養子説の出典は元親の伝記のひとつ『長元記』で、「三好笑岸（康長）、河内の国半国知行仕る。養子は羽柴筑前守の御甥なれば、筑前殿より加勢にて、笑岸阿波へ渡るべし」とある。藤田説もこれに拠っている。

しかし、秀次が天正九年三月以前に康長の養子になったという藤田説には従えない。その理由は、まず『長元記』の該当部分が天正九年三月以前を示す記述とはかぎらないことである。同書は時系列が前後しているし、当該箇所も天正七年十二月の岩倉合戦と同十年八月の中富川合戦のあいだにあり、どちらかといえば、中富川合戦に関連しているようにもみえ、年次を特定できない。

次に秀次が秀吉の部将宮部継潤（けいじゅん）の養子だったとする史料が多数存在することである。たとえば、『東浅井郡志』『武家事紀』『続武家閑談』『聞見集』などである。

このうち『東浅井郡志』には、継潤に子どもがなかったので、秀吉の姪（甥）次兵衛（じべえ）信由（のぶよし）（のち孫七郎秀次）を養子にもらったが、継潤に実子長熙（ながひろ）が誕生したので、次兵衛を三好康長の養子にしたと書かれている。もっとも、長熙は甥で養子になったという説もある。次兵衛が康長の養子となって宮部家を出たので、新たに長熙を養子にしたとも考えられる。『武家事紀』巻第十四の宮部善浄坊伝には「秀次、元宮部養子たり、宮部萬丸と號（ごう）す」という割書がある。秀次が幼名を名乗っていることから、継潤の養子になったのは元服前の幼少期だったと思われる。

もっとも、これらの史料は二次的な編纂物であること、また藤田氏が注目する天正九年前後に継順の養子だったかどうかが不明という弱点があった。

ところが近年、堀越祐一氏によって継潤の養子であることを明白に示す秀次文書が紹介された。それは秀次が村山与介という家臣に宛てた知行宛行状の写しである。天正九年五月二十一日付のもので、知行七十石を与えるとし、「宮部次兵衛尉吉継」と署名してある。秀次が「次兵衛」もしくは「二兵衛」とも名乗ったことは『宇野』や『兼見』で確認できる。また吉継という実名も秀吉と継潤から一字ずつ取ったと考えられる。

したがって、宮部次兵衛尉吉継なる人物は秀次の天正九年時点での名乗りだと確定できる。しかも、少なくとも同年五月までその名乗りだから、藤田説は成立しがたい。秀次は本能寺の変まではこの名乗りだったとみてよい。

なお、三好康長は山城守の官途名を名乗る以前、永禄初年に三好孫七郎と名乗っていた。秀次が孫七郎と名乗ったのも、康長のこの通称を襲名したものだろう。諏訪勝則氏によれば、秀次が三好孫七郎と名乗った初出文書は天正十年十月二十二日であるという。改名時期が若干さかのぼる可能性はあるものの、秀次は本能寺の変後に康長の養子となり、三好名字を名乗ったと考えるべきだろう。改名のきっかけは信長三男信孝の動向と関連しているのではないか。

信孝は阿波渡海を控えた同年五月、信長の命で康長の養子となり、讃岐国を知行することになっていた。だが、本能寺の変後、信孝は兄信雄に対抗して織田家の家督をめざした。三好名字のままでは都合が悪かったので、康長との養子関係を解消して織田名字に復したと思われる。『兼見』天正十年六月十三日条から「織田三七郎」という記述がいくつか出てくるので、織田名字に復したとみることができる。

信孝の織田名字復帰が、秀次が康長の養子になる契機となったにちがいない。秀次は信孝と入れ替わって康長の養子になったのである。このほうが藤田説の主張する二人養子よりずっと自然である。

藤田説では、三好式部少輔も康長の一子だとし、信孝と秀次が本能寺の変以前に康長の養子になったとしている。実子・養子合わせて三人もいる不自然さは否めない。とくに秀次と信孝の関係が微妙である。

この二人養子について、藤田説は「秀次と信孝は義兄弟となる。そうなると秀吉は、主君信長との関係をいっそう強固にすることができるのである」と評価している。しかし、秀吉はすでに信長の一子御次を養子として羽柴秀勝と名乗らせており、信長との関係は十分強固である。それに、秀次が先に養子になって康長との関係を強化したのに、あとから信孝が養子になれば、その家督が信孝に移るのは明白で、むしろ、秀次が疎外されて秀吉の四国における勢力が削がれることになるばかりか、秀吉と信孝との対立的状況が新たに発生する可能性さえ生じるのではないか。したがって、この二人養子は決して秀吉にはプラスにならない。秀吉と光秀の派閥抗争が謀叛の政治的背景のひとつととらえる藤田説は再検討されるべきだろう。

秀吉の阿波進出の目的は何か

藤田説によれば、天正九年秋における羽柴水軍の阿波進出は、秀吉と光秀の派閥抗争の激化を示しているとされ、秀吉は甥の秀次を三好康長の養子に送り込むことにより、三好氏を支援するかたちで四国にも勢力を築こうとしたという。

しかし、羽柴水軍の淡路・阿波派遣は秀吉の独断ではなく信長の命令であったこと、また本能寺の変以前に秀次が養子になっていないことなどから、藤田説が成立しがたいことはすでに明らかにしたとおりである。

では、秀吉が淡路・阿波に進出した目的ははたしてなんだったのだろうか。羽柴水軍の派遣が篠原自遁の要請で行われていることから、一義的には長宗我部氏に圧迫されている三好方の支援ではあったものの、それだけだったとは思えない。

『信長公記』巻十四によれば、天正九年十一月十七日、秀吉と池田元助が淡路島に渡海して岩屋城に攻め寄せたところ、城中が降伏を懇望したので、元助に城を明け渡したという記事がある。羽柴水軍の阿波渡海から二カ月後、秀吉は元助とともに淡路島を占領している。あるいは、九月から十月の羽柴水軍の阿波渡海と時期を混同している可能性もあるが、いずれにしても、秀吉の指揮下に入っていない摂津の池田勢も加わっていたとなると、秀吉の独断ではなく信長の命令があったとみなければならない。

『南海通記』にも、三好存保が信長に援兵を請うたので、まず三好康長を送り、ついで「播州の羽柴筑前守に命じて、淡州へ衆軍を渡し、阿波・讃岐へ取続け、近き頃に凶徒を退治すべしと下知せらる」とあって、信長の軍令が秀吉に下ったとしている。

もっとも、機を見るに敏な秀吉のことだから、信長の命令を墨守(ぼくしゅ)するだけでなく、それなりの自己利益も追求したと思われる。

まず淡路島の確保である。同島は瀬戸内東半の海域を扼(やく)する要所であり、岩屋城など毛利方の前線拠点があった。これを攻略しないかぎり、織田方は瀬戸内東半の制海権を確保できないのである。『信長公記』によれば、秀吉と池田元助はこの年十一月十七日から短期間のうちに岩屋城を接収している。さらに由良や洲本の諸城を開城させ、三好一族の安宅清康や水軍の将菅平右衛門達長らが服属した。黒田孝高が入った淡路志智城の城主野口長宗は、『黒田家譜』では安宅冬康（清康の父）の弟とされるし、また野口氏と菅氏は同族であることから、淡路島の有力な三好系の水軍衆が長宗を通じて秀吉に従ったと思われる。

阿波においても羽柴方が支援した木津・土佐泊の諸城は鳴門海峡を望み、紀伊水道と瀬戸内海を扼する要所で、三好水軍の根拠地でもあった。秀吉がこの年十月十日付で黒田孝高に宛てた書状には次のように記されている（『黒田家文書』一―五三号）。

書中披見せしめ候、来嶋一書口上の趣届き、委細申し遣わし候、随って木津・土佐泊兵粮の事、申し付け相渡し候、右両城玉薬事、先度書付候分、是又申し付け候、（後略）

これによれば、秀吉は孝高に木津・土佐泊の両城に兵粮・玉薬を送るよう命じて、その守備を固めさせている。

とくに土佐泊城の森志摩守村春は有力な水軍の将だった。『昔阿波物語』にも「森志摩守は、撫養脇に土佐泊と申す山に籠居て、阿波の牢人衆を抱置き、志和具（塩飽）・せうと島（小豆）・播磨なた（灘）・和泉なた（灘）へけいこ（警固）をあげ、ふたうらにして、兵粮を取り、牢人衆をちらさず候。唐国は存ぜず、志摩守の様なる兵者は日本には承らず候」と述べられており、西は塩飽諸島から東は和泉灘にかけて勢力圏をもつ水軍だったことがわかる。

秀吉は篠原自遁らの支援要請を機に、淡路島の領有を図りつつ、三好水軍を麾下に取り込もうとしたと考えられる。すなわち、その目的は三好水軍を含めた自前の水軍の育成による瀬戸内東半の制海権確保にあったというべきだろう。それは毛利氏との対決に大いに益するものだったと思われる。

その意味では、右の秀吉書状の冒頭にある「来嶋一書口上の趣届き」という一節も注目される。能島・来島・因島の三島村上水軍を含む毛利水軍に対して、秀吉は天正九年からひそかにその調略を進めていた形跡がある。村上水軍の首領ともいえる能島の村上武吉も同年中に信長に鷹を献上したので、信長から「望む事があれば、その意のとおりにしよう」という朱印状（天正九年十一月二十六日付）を与えられているほどだ。

結局、武吉は土壇場で毛利方にとどまったが、来島通康・通総父子は翌十年（一五八二）四月ごろに毛利氏から離反して秀吉方に奔っている。右の秀吉書状の一節は、秀吉がその半年前から来島氏の調略に当たっていたことを示している。

秀吉は毛利水軍の調略を進めながら、一方で三好水軍の服属を図るという両面作戦を展開していた。それは羽柴水軍の充実化にほかならず、来るべき毛利氏（とその配下の毛利水軍）との決戦に備えるためだったことは疑いない。秀吉の羽柴水軍派遣もその目的に従属するものであり、四国進出そのものを目的とするものではなかったという点に留意すべきだろう。

　秀吉は遅くとも、来島父子を調略した天正十年四月までに瀬戸内東半の制海権を確保することに成功した。そのことは対毛利決戦の条件がととのったことを意味し、秀吉はさっそく四月から備中方面へ大攻勢をかけている。『信長公記』によれば、信長も「中国の歴々討果し、九州まで一篇に仰付けらるべき旨上意」を示して、中国のみならず九州まで一気に平定する出陣と位置づけていた。

　この対毛利政策が大いに進展したことが、四国情勢と光秀・元親の立場にも大きな影響を与えた。それはひと言でいえば、織田権力にとって長宗我部氏の利用価値が著しく減じたことである。

　信長は中国の毛利氏を包囲するために、すでに同九年半ばには豊薩和平を実現して、毛利氏を背後から牽制していた。そして、四国の長宗我部氏も当初、この包囲網の一角に位置づけられていた。しかし、秀吉の瀬戸内東半の確保と毛利水軍の分断が予想以上に進捗したために、長宗我部氏の加勢を得る必要がほとんどなくなった。

　それよりむしろ、信長は康長率いる阿波三好家の領域を阿波・讃岐に確保して、長宗我部氏の勢力拡大を阻止することに目を向けはじめたのである。その帰結が、信孝に宛てた信長朱印状による新たな四国国分と、信孝の康長への養子入りである。

　織田権力が西進政策を展開するなかで、光秀は長宗我部氏と連携しながら関与し、みずからの地位上昇と政治基盤のいっそうの強化を図ろうとしていた。それには秀吉への対抗という面も含まれていたことは否定できないだろう。

ところが、織田権力の四国政策の転換とは、対毛利政策の進展と表裏の関係にあるとともに、そのじつ、長宗我部氏の利用から切り捨てへの転換でもあった。だから、長宗我部氏の切り捨ては、光秀とその家中に大打撃を与えることになる。長宗我部氏と親族・姻戚関係で結ばれた光秀とその家中は敵味方に引き裂かれることになるばかりか、織田権力内でこれ以上の勢力拡大が望めないことは確実になったのである。

光秀とその家中が長宗我部氏との深い関係をどうしても断ち切れず、自分たちをこのような窮地に追い込んだ信長に対して、ついには謀叛へと飛躍せざるをえなくなった真因が、ここに潜んでいたように思われる。

第三章　光秀を追いつめた信長の四国国分令

1　四国政策から排除された光秀

元親と信長の決裂

羽柴水軍の阿波進出を機に、長宗我部氏と織田権力の関係は著しく悪化した。信長は明らかに三好氏を救済しようとし、元親の四国制覇にブレーキをかけようと強硬策に転じた。信長は政権の本拠地である畿内の下腹に位置する四国に強大な外様大名領が形成されることを望まなかったのかもしれない。『元親記』によれば、信長と元親のあいだで次のような応酬があったという。

（信長が）その後御朱印の面(おもて)御違却ありて、豫(よ)州・讃州上表申し、阿波南郡半国、本国に相添へ遣はさるべしと仰せられたり。元親、四国の御儀は某(それがし)が手柄を以て切取り申す事に候。更に信長卿の御恩たるべき儀にあらず。存じの外なる仰せ、驚入り申すとて、一円御請申されず。又重ねて明智殿より斎藤内蔵助の兄石谷兵部少輔(いしがいひょうぶのしょう)を御使者に下されたり。是にも御返事申し切らるるなり。

信長がそれまでの朱印状の趣旨を覆（くつがえ）して、元親に伊予・讃岐を返納させ、阿波南半国のみを土佐に添えて与えると告げたのである。元親は当然これに反発し、四国のことは私が自分の手柄で切り取ったもので、決して信長からの御恩でない。意外なことを仰せられるので驚き入っているとして、信長の命を受諾しなかった。そのためか、重ねて明智光秀が斎藤利三の兄である石谷兵部少輔（頼辰（よりとき））を使者に送って説得したが、元親はこれも拒絶したというのである。

ここでいう「御朱印の面」とは、すでに紹介したように、信長が天正三年に元親に与えたとされる朱印状で、「四国の儀は元親手柄次第切取り候へ」という趣旨が書かれたものにちがいない。信長が元親に四国すべてを切り取ってよいとしながら、今度は一転して、土佐の本国のほかは阿波南半国しか領国として認めないというのだから、元親が信長の約束違反だとして怒るのも無理はない。

注目すべきは、このとき光秀の使者となって土佐に下向したのが石谷頼辰だったことである。頼辰は光秀の家老である斎藤利三の実兄で、幕府奉公衆の石谷光政の養子となった。石谷氏は美濃土岐氏の庶流である。光政は永禄初年、御小袖御番衆（おんこそでごばんしゅう）として将軍義輝のそば近くにあり、その養子頼辰も同じく幕府奉公衆の一員の外様詰衆として義輝に仕えていた。頼辰は同八年（一五六五）に義輝が暗殺されたのち一時牢人していたが、実弟の利三を頼ったのか、その後は光秀に仕えた人物である。

頼辰が使者に選ばれたのは、養父光政の娘（頼辰と利三の義妹）が元親の正室になっていた縁を活かそうとしたからに相違ない。つまり、頼辰と利三は元親の小舅（義兄）にあたるわけである。光秀は頼辰と元親の姻戚関係を利用して、なんとか元親を説得しようとした。

信長は阿波北半と讃岐東半を康長と阿波三好家が支配している現実を承認し、元親にも当知行主義に服すよう要請したと考えられる。光秀は信長のこの新たな意向を受け容れさせるかたちでの政治的解決案を提示したのだろうが、元親は姻戚関係と領国のことは別問題だとして、光秀の忠告もはねつけたのである。光秀の説得はとうとう実を結ばなかった。これにより、織田権力と長宗我部氏はついに決裂することになったのである。

ところで、この織田権力と長宗我部氏との交渉が行われた時期はいつだろうか。『元親記』には年次が書かれていないが、『南海通記』に「天正十年正月、信長の命をもって、明智日向守より使者を下し、元親に達て曰く」云々とある。この交渉が天正十年正月に行われたとするのは時系列的に整合する。

羽柴水軍が阿波に渡ったのが同九年九月から十月にかけてである。一方、『信長公記』によれば、翌十年二月九日、信長は甲州の武田勝頼攻めの軍令を発している。その「条々」のなかに「一、三好山城守、四国へ出陣すべきの事」という一項がある。元親との交渉決裂によって、信長が康長に四国出陣を命じたというのは自然な成り行きである。『南海通記』の信頼性にはやや難があるが、この点に関しては信用できるのではないだろうか。

信長の四国国分令——光秀の苦境

元親が信長の新たな四国国分令を拒絶したことにより、その取次役だった光秀も面目を失うことになった。織田権力における取次役の使命が信長の意向を取次対象に伝達し徹底させることにあったとすれば、光秀はその仕事を果たせなかったからである。それは信長の光秀に対する信頼低下に直結しかねない。

光秀が信長の信頼を回復するためにとれる選択肢は、羽柴秀吉がかつて取次の相手だった毛利氏を攻める司令官になったように、四国攻めの司令官となって長宗我部氏を屈伏させるしかない。しかし、光秀はそうはしなかった、否、そうはならなかった。信長が四国攻めを命じれば、光秀がそれを断れる立場にはないはずだから、信長がそう命じなかったと考えるべきである。かわりに、信長は三男信孝を三好康長の養子にして阿波渡海を命じた。

信長が信孝を康長の養子にする決断をしたことは、同時に光秀が四国政策から排除されたことを意味した。信長は四国政策において、信孝の親族となる三好氏を優遇しながら、長宗我部氏を制裁するという基本方針を定めたからである。

光秀は自分の家中と長宗我部家中のあいだに濃密な親族・姻戚関係を抱えていた。光秀を四国攻めの司令官にすれば、長宗我部氏の利害を優先し、逆に三好氏に不利な処置をすることは目にみえている。光秀を司令官にすることはこの基本方針に反することになる。信長のこの裁定は、本願寺降伏や佐久間信盛改易を機にした織田権力の新たな権力編成の一環だと考えられるが、光秀側からみれば、その面目を失わせるほどの屈辱だったはずで、織田家中での勢力後退をもたらす可能性が大きかった。

天正十年二月、信長が甲州出陣のかたわら、三好康長には阿波渡海を命じたことはすでに述べた。康長が出陣支度をととのえて三千人の軍勢を率いて阿波に渡ったのは五月はじめだった。これに関して『元親記』は「信長卿御息三七殿(信孝)へ四国の御軍代仰付けらる。先手として三好正巌(笑巌、康長)、天正十年五月上旬、阿波勝瑞へ下着す。先づ一の宮・蠻(夷)山表へ取掛り、両城を攻落す」と述べている。信孝は信長の陣代というべき「御軍代」であり、康長は信孝本隊に先んじる先手衆という位置づけであり、これまでの単独渡海とは大いに異なる。

そして、いよいよ四国攻めに信孝が登場してくることになる。これは信長が長宗我部氏を征服対象として四国問題に全面的に関与する意思を示したものだった。織田権力と長宗我部氏は、それまでの友好関係から完全に敵対的関係に転化したのである。

信長が四国政策のドラスティックな転換をはっきり示したのが信孝に宛てた朱印状である。これは四国国分令と呼んでいいだろう。信長は長宗我部氏の意向などおかまいなく、その頭越しに現状を変更して領知配分を決定しようとしていた。まさに信長は有無をいわさぬ統一権力の専制君主として立ち現れたのである。すでによく知られた史料だが、非常に重要な意味をもっているので全文を掲げたい（『信長文書』一〇五二号）。

今度四国へ至って差し下るに就きての条々、
一、讃岐国の儀、一円其方(そなた)に申し付くべき事、
一、阿波国の儀、一円三好山城守(康長)に申し付くべき事、
一、其外両国(伊予・土佐)の儀、信長淡州に至って出馬の刻、申し出ずべきの事、
右条々、聊(いささ)かも相違なくこれを相守り、国人等の忠否を相糺(ただ)し、立て置くべきの輩(ともがら)は立て置き、追却(ついきゃく)すべきの族(やから)はこれを追却し、政道以下堅くこれを申し付くべし、万端山城守に対し、君臣・父母の思いをなし、馳走すべきの事、忠節たるべく候、よくよくその意を成すべく候也、

天正十年五月七日　（朱印）
三七郎(信孝)殿

信長は讃岐国を信孝に、阿波国を康長に与えるとし、残りの伊予・土佐二カ国については、自身が淡路島に出馬してから申し渡すという。また領内の国人のうち、織田家に忠節を誓う者は取り立てて、反抗的な者は追放して、徹底した領国支配を断行せよと命じていた。

また信孝の四国入部にさいし、あくまで康長を父とも主君とも思い仕えよと命じている。信孝の養子入りは『宇野』に「三七郎殿、阿州三好山城守養子としてご渡海あり」と書かれているからまちがいない（天正十年六月一日条）。

この朱印状では言及されていないが、長宗我部氏への処遇がきわめてきびしくなることが予想され

た。元親の領国である土佐国の処分については留保しているものの、これは事実上、元親の土佐領有という既成事実を否定する動きであろう。この年正月、元親に土佐国と阿波半国を与えるとした線よりいっそうきびしい内容である。信長の意向次第で、長宗我部氏は改易されるかもしれなかった。

もうひとつ、この朱印状でふれられていない点がある。それは阿波三好家の当主だったはずの三好存保の存在である。存保は康長と同じ三好一族で、天正六年正月、横死した兄長治に代わって勝瑞城に入った。信長の国分令によりあらためて阿波国主に認定されてもよかったはずだが、信長は康長と存保をはっきりと峻別した。つまり、織田権力の分国大名としての康長を新たに取り立てるかわりに、三好実休以来の阿波三好家を否定したのである。

しかも、信孝が康長の養子になったことにより、讃岐だけでなく阿波国も遠からず織田一門領になることが約束されていた。信長の四国政策は、長宗我部氏の排除と存保の改易によって分国化を推進しながら、四国東半における織田一門領の成立というかたちでひとつの到達点を迎えようとしていた。

以上、天正三年以来、信長の四国政策の変遷を対長宗我部氏関係を軸にたどってきた。大まかにいえば、それは三つの段階を画したと考えられる。

①友好期……天正三年十月〜同八年中
　元親宛て信長直状「四国の儀は元親手柄次第」
②悪化期……同九年一月〜同十年一月ごろ

元親に土佐国と阿波南半国のみ安堵→決裂

③敵対期……同十年二月〜六月ごろ

信孝に讃岐、康長に阿波を与え、伊予・土佐は留保→長宗我部氏改易か

光秀と信長の関係が天正八年を画期として変化すると前に述べたが、四国問題においても同様である。②から光秀の取次としての地位が動揺しはじめる。また羽柴秀吉の介入もあった。それでも、光秀もまだ受忍の範囲内だったかもしれない。

ところが、③の段階になると、②での土佐と阿波南半国の安堵さえ認められず、長宗我部氏の存立そのものが否定されようとしていた。また信孝を中心とする四国渡海軍の編成からも光秀は排除された。

四国国分令ともいうべき信長朱印状によって、光秀と信長・信孝父子の対立は決定的になったと考えられる。天正三年以来、七年近く取次として四国政策に関与してきた実績を全面的に否定されたからである。またこのことは、長宗我部氏を一種の与力大名にして連携することによって、織田権力の西進政策に積極的に関与しようとしていた光秀と明智家中には大きな政治的打撃となり、光秀の地位の低下にも直結しかねなかった。

思い起こせば、光秀と信長の不仲を示すさまざまな逸話はこの朱印状が出された直後に集中している。たとえば、信長が口答えした光秀を足蹴にしたという『日本史』の記事は信長朱印状発給から十

日後のことと思われる。この一件も信長朱印状とかかわりがあるかもしれない。光秀が四国国分令の再考を求めたので信長の激怒を招いたとも考えられる。

2　信孝登場の背景にあるもの

信孝の一門領形成と筒井順慶養子問題

四国問題で光秀が退場するのと入れ替わるように新たに登場してくるのが信孝である。いかにも唐突な印象があるが、その登場にはどのような理由や背景があるのだろうか。

三七信孝はいうまでもなく信長三男である。二男信雄と同い年で二十日ほど早く生まれたそうだが、生母の坂氏の身分が低いことから三男にされたといういきさつがある。信長の正室は帰蝶と呼ばれる斎藤氏だったが、子どもがなかったため、側室の生駒氏が生んだ信忠・信雄・五徳（徳川信康夫人）の三人がほかの庶子より格別の扱いを受けたとされる。

信孝は永禄十一年（一五六八）、十一歳のときに伊勢の国人神戸具盛（かんべとももり）の養嗣子となって神戸三七郎と名乗った。次兄信雄が伊勢国司家の北畠氏を継いだのとくらべると、格差がつけられている。

信忠・信雄・信孝の三人の地位の違いが視覚的に確認されたのは天正九年（一五八一）二月の洛中馬揃えである。このとき、織田一門衆は信忠八十騎、信雄三十騎、信包（のぶかね）（信長の弟）十騎、信孝十騎、信澄十騎という行軍順序と人数だった。信孝は二人の兄に騎乗の数で大きく水をあけられているばかりか、順番も叔父信包の後塵を拝し、従弟の信澄と同格という扱いだった。

知行地（天正十年前半段階）においても、信忠は尾張・美濃の二カ国、配下部将の河尻秀隆・森長可・毛利秀頼らの領する甲斐・信濃を加えると四カ国。信雄が伊勢南半（五郡か）と伊賀三郡。これにくらべて信孝は伊勢の二郡（河曲・鈴鹿）だけだった。

官位においても、信忠が従三位・近衛左中将、信雄が従四位下・近衛左中将だったのに対して、信孝は従五位下・侍従とかなり低かった。

成人した信孝は各地を転戦して戦歴を重ね、有力な一門部将に成長していた。信長も信孝の扱いが二人の兄とくらべて冷遇気味なのを意識していたのか、国人の神戸氏よりももっと大身の大名に取り立てようとした節がある。

たとえば、フロイスの報告では「彼の父（信長）は彼（信孝）が貴人としての経験を積まぬまま高位につくことを望まなかったので今日まで彼にはほとんど俸禄も領地も無かったが、今ではその良き資質を認めたことから彼の地位を上げ始めている」と述べている（『十六・七世紀イエズス会日本報告集』第Ⅲ期第6巻）。

また信孝の地位や所領替えにかかわる具体的な話として、天正八年七月ごろ、信孝が大和の国主筒井順慶の猶子になるという噂が持ち上がったことはあまり知られていない。南都興福寺の学侶英俊が書いた『多聞院』には「順慶は今朝京へ上りおわんぬ、実否は知らず、三七殿由（猶）子に成らると云々」

とあった。猶子は養子と似ているが、養父と同居しない関係をいう。

これが不確かな噂でなかったことは、イエズス会関係史料にもほぼ同様の趣旨が書かれていることでもわかる（『十六・七世紀イエズス会日本報告集』第Ⅲ期第5巻）。

「また人々の望みにより大和国を平定するため、春日大明神に仕える同所随一の大身筒井（定次）殿に同国を与えたが、彼に子がないため信長は数多くいると言われる息子たちのなかから一人を継嗣として与えることにしている」

信長の息子たちのだれだか特定されていないが、『多聞院』の記事と似ていることから、信孝の可能性が高いだろう。なお、編者注にある定次は順慶のまちがいである。

この年八月から十月にかけて、大和国には明智光秀と滝川一益が軍勢を率いて乗り込み、指出と破城を一国規模で断行した。その結果、順慶が信長から「国中一円筒井存知」として大和国主に任ぜられた。信孝猶子の噂はその直前にあったわけだが、順慶の大和国主任命を見越して、信孝をその後継者に据えようという動きだったのだろうか。

もっとも、『寛政譜』などの家譜・系図類によれば、順慶は元亀三年（一五七二）に従弟の藤四郎定次を養子に迎えたとされており、しかも定次は天正三年か六年に信長の息女を正室に迎えているという。

しかし、定次が本能寺の変までに順慶の養嗣子に確定していたという事実は一次史料で確認できず、むしろ逆の事実を示している。たとえば、『多聞院』天正十年七月十一日条には「羽柴(秀吉)へ人質に小泉四郎(定次)今日遣わしおわんぬ」とあり、順慶は定次を秀吉の人質に出している。養嗣子ならば、そのようなことは考えにくい。それに定次がまだ筒井名字になっていないことからも家督継承者に指名されていないのがわかる。

さらに同十二年八月に順慶が没して家督問題が浮上したとき、同書八月十三日条には「筒井名字は番原(条)五郎へ順慶よりも申し遣わさる、筑州(秀吉)も同心にて申し遣わさると雖も、全く同心無しと云々」とあるのが注目される。順慶は番条五郎を継嗣に考えていたのである。しかし、番条五郎が辞退したために定次に家督がまわってきたといわれる。

このことからも、同八年に定次の家督継承者としての地位が確定していなかったのは明らかである。したがって、信孝が順慶の養嗣子になる見込みもあったことになる。ただ、なんらかの事情によって実現しなかった。

その理由はおそらく信長の意向だと思われる。『蓮成院記録』に興味深い話が書かれている(天正十年正月六日条)。それによれば、前年冬に織田(津田)信澄が大和国を拝領したいと直訴したところ、信長は「大和は神国で、往古から子細がある。その国の者は存じていることだ。無用の訴訟である」と答えて気色ばんだという。

その子細というのは、天正三年、大和国主となった原田直政が同国に異見したところ、ほどなく大坂本願寺との戦いで討死した。それ以前の松永久秀以来、同国に乱入した武家はみな退散していることを、信長がよく承知していたからだというのである。大和国は武家にとって、いわば縁起が悪い国柄だと信長は考えており、信孝を順慶の養子にすることを思いとどまったものと思われる。

四国渡海軍の編成

そうしたいきさつがあって、信孝にようやく飛躍の時が訪れたのが信長の四国国分令だった。信長は信孝に器量があれば、讃岐の国持大名にすることを約束したのである。これは信長から命じられただけでなく、信孝のたび重なる要請が実った結果でもあったようだ。信孝領内にある神戸（かんべ）慈円院の住持正以が伊勢神宮内宮の神官に宛てた書状がその間の事情をつぶさに語っているので、すこし長文だがみてみよう（「神宮文庫所蔵文書」）。

尚々、御朱印は四国きりとり（切り取り）の御朱印に候、おもてむき（表向）は三吉（三好）養子に御なり候分に候、八月は寺にも見舞のため、越さるべき分にて候、相のこる（残）我等は当寺古仏と一所に相はて（果）申すべき内性に候、（後略）

（中略）

次に此方三七様連々（れんれん）お望み候四国へ、御朱印にて当郡の名主・百姓六十をさかひ（境）、十五をさかひ（境）にて、悉くお越し候、諸牢人亀山殿おや子（親）、千草方、阿野（あの）、草沢（クサハ）、野呂（ノロ）、北方萩原殿、栗原（クリハラ）殿、桑名伊東、三之尾方、伊賀衆、甲賀衆七・八百、さいか（雑賀）衆千計り、大方これを注進候、四国の儀も大略公事にてめなり（ママ）候由、三吉正（三好笑厳、康長）かんかたより申し来たり候、五月廿五日（ママ）、（闕字）上様のお目とり（目通り）にてお越し候、

安土衆各はなむけにて、上下人夫・馬まで、八月までの兵粮出し申し候、一夜に大名にお成り候、郡内に残り候者とては、我等と寺沙弥（しゃみ）までに候、是は武具相調わず候て、お供申されず候、恐々謹言、

（天正十年）五月廿一日　　　　　正以（花押）

まず気づくのは、冒頭に「三七様連々お望み候四国へ」とあるように、信孝の四国出陣は本人が強く望んだという点である。「連々」とは絶え間なくという意味だから、信孝は信長に何度となく四国出陣を求めていたことになる。そうだとすれば、信長の四国国分令は信孝の強い希望に押されるかたちで発令された面もあるかもしれない。信孝はいつまでも二人の兄の後塵を拝するつもりはなかったのだろう。

次に、尚々書に信孝が康長の養子になったのは「おもてむき」だと書かれている点である。これは二人の関係がかりそめのものだという意味だろう。信孝は康長の養子になったことで近い将来、讃岐・阿波の二カ国を領有するのは確実だった。『織田軍記』がこのときの信孝を「南海の総管」と呼んでいるように、いわば四国管領的な地位を約束されていたということであろう。

第三には、信孝軍団のおおよその輪郭が判明したことである。信孝が率いた軍勢は『日本年報』や

『当代記』などいくつかの史料が共通して一万四千～五千人としているので、ほぼまちがいない。これは大国の国持大名クラスの動員数だから、伊勢二郡しか知行地のない信孝の自力では難しいはずだった。

この書状によれば、「御朱印」によって領内の十五歳から六十歳までの名主・百姓という非武士身分まで動員されている。「御朱印」とは信長の命令ということである。書状の主が領内に残ったのは寺院関係者だけだと嘆くほど根こそぎ駆り出されたのであろう。そのほか伊勢に居住するさまざまな牢人衆も召し抱え、さらに伊賀・甲賀・雑賀などの他国衆も加わっている。伊勢衆は兄信雄や叔父信包の配下である可能性が高い。また雑賀衆は水軍だけでなく陸兵も千人単位で加わっていたことが注目される。

信孝軍団は兵数こそ多いものの、たぶんに百姓や牢人衆が多くて譜代衆が少ない、雑多な寄せ集め集団というのが実態だったと思われる。彼らは強制的に動員されたり、四国で新たな知行や恩賞を与えられるのを目当てに参陣した者が多かったのであろう。だから、本能寺の変が起きると、たちまち雲散霧消（うんさんむしょう）してしまったのである。『甫庵太閤記（ほあんたいこうき）』によれば、山崎の合戦に出陣した信孝勢は四千人にまで激減していたことがわかる。

第四に、四国出陣の兵粮を八月までのおよそ三カ月分準備したという点である。信孝勢は三カ月以内に四国を平定するつもりだったのである。これは信孝だけの見通しではなかった。信長が五月十二日付で泉州淡輪（たんのわ）の海賊衆である真鍋氏（主馬貞成と同芥右衛門か）に宛てた黒印状にも「兵粮米・いんしゆ（員数）の事　来る八月中まで千人分事」という項目があり、信長が八月分まで千人の人員とその兵粮を支度するよう命じている（「藩中古文書」）。

最後に、信孝は信長とその一門・家臣団の全面的な支援によって出陣したことである。信孝が安土で信長に対面したところ、安土に詰めている側近衆から出陣のはなむけとして、軍夫や馬、さらに八月までの兵粮の提供を受けたという。そのさまは「一夜に大名に御成候」というほどだったから、膨大な人馬・物資が供与されたことになる。小身の信孝に対して、父信長が親身になって援助したことがうかがえる。信孝への盛大な援助は『日本史』にも記載されている（第五五章）。

「（信長が）都に向かって出発するに先立ち、三七殿と称する三男を四国の四カ国を平定するために派遣した。父は彼に一万四千ないし一万五千クルザードを黄金で与え、世継ぎである彼の兄と他の武将たちも、彼が一同から愛されており、またそうすることが父を喜ばせることを承知していたので、黄金および高価な品物を贈呈した」

フロイスは右でみた人馬・兵粮以外にも黄金などが信孝に贈られたとしている。ちなみに、信長が与えた黄金はどれくらいの価値があるだろうか。のちに光秀が謀叛して安土城を占領したとき、家来たちにその金蔵から金を与えているが、『日本年報』によれば、金一千両が七千クルザードとなっている。とすれば、金一両＝七クルザードだから、一万四千クルザードなら二千両ということになる。

これはあくまで金の秤量（価値）であるが、当時の金と銀の比価はおよそ金一両＝銀七・五両になるので、銀に換算すると一万五〇〇〇両になる。相当な金額であり、「一夜に大名」という言葉が決して大げさではないことがわかる。

さて、この書状では信孝が安土へ上って信長に謁見した日を五月二十五日とするが、勘違いではないか。書状の日付が同月二十一日であり、未来の出来事を書けるはずがないからである。おそらく同月十五日前後のことだろう。十五日には信長の招きで徳川家康と穴山梅雪が安土に到着しているからである。

前後して、多くの一門衆や家臣たちばかりか、太政大臣の近衛前久や堺商人まで安土に参集している。堺商人の津田宗及の日記『宗及他会記』（五月十九日条）にも「城介（信忠）様・各御壱門の御衆、何も御出なさる」とある。一門衆がすべて参加しているから、信孝もその日までに安土に到着していたのはまちがいない。

信孝が信長に謁見した日が五月十五日前後なら、想起されるのがやはり光秀のことである。『兼見』によれば、光秀は遅くとも十四日までに家康接待役のために信長から「在庄」（所領での待機）を命じられ、十五日から十七日までその役をつとめた。吉田兼見は光秀の接待役が「此の間用意馳走以ての外也」、つまり見事だったことを書き記している。いうまでもないが、饗応の魚が腐っていて信長の激怒を買ったという『川角太閤記』の逸話は真っ赤な作り話である。

それよりも、『日本史』にある信長の光秀折檻の記事が気になる。「彼（信長）の好みに合わぬ要件で、明智が言葉を返すと、信長は立ち上がり、怒りをこめ、一度か二度、明智を足蹴にした」。これが家康接待の準備のときに起こった出来事だというから、十五日の直前である。

信長の好みに合わぬ要件とは、時期的な符合から、五月七日付の信孝宛て朱印状をめぐって光秀が信長に四国政策の再考を求めたか、あるいは斎藤利三・那波直治の帰属をめぐる稲葉氏との相論ではないかと、私は推測している。

その当否はさておいても、四国に出陣する信孝が信長をはじめ一門衆や家中総出の歓迎を受けたのにくらべて、光秀だけがその輪からはじき出されている印象が強く、その孤立感、疎外感が際立っているのは否めない。

丹州国侍中宛て信孝軍令書は偽文書なのか？

信孝軍団の編成に関連して思い出される史料がある。信孝が四国出陣にあたって、丹州国侍に宛てた軍令書である（「人見文書」）。これは偽文書か否かをめぐって評価が分かれている曰くつきの史料である。

丹州より馳せ参じ候国侍組々、粮料・馬之飼・弓矢・鉄炮・玉薬これを下行すべし、船は組合人数次第、中船・小船、奉行え相断り、これを請取るべし、海上遅早は着岸相図を守るべく候、陸陣中備の儀は下知に任すべき者也、

天正十年五月十四日　信孝（花押）

丹州国侍中

まず大意をとってみよう。

丹州（丹波）から馳せ参じた国侍には組ごとに、兵粮・飼葉（かいば）・弓矢・鉄炮・玉薬を与える。船は組の人数次第で、中船・小船のいずれでも（船）奉行に申し出て請け取るように。海上での運航や着岸は合図を守るように。（上陸してから）陣中の備えについては下知に従うように。

この史料はいくつか解釈が分かれる点がある。まず内容に関して、「丹州」が丹後か丹波か、あるいは両方を指すかという点がある。『日本国語大辞典』（小学館）には「丹後国あるいは丹波国の別称」とあり、どちらでもかまわないとしている。これに対して、桑田忠親氏は丹後・丹波の両国と解している。そうだとすれば、細川藤孝の所領も含むことになる。だが、文書所蔵者だった人見民造氏の所在地が京都府南桑田郡馬路村（現・亀岡市）であることを考えると、この場合は丹波を指しているとみてまちがいないのではないか。つまり、光秀の領内の国侍が対象だったことになる。

次に、この史料には偽文書説がつきまとっている。たとえば、染谷光広氏は「当時、信孝が使用した花押とは考えられず、その内容も多くの疑問点を残している」と評している。しかし、偽文書説には賛成できない。内容や用語に不審な点がないし、織豊期のものだとしても、まったく違和感がないからである。

染谷氏が指摘する花押の問題は、もともと現存する信孝文書の数が少ないので、その経年変化を把握するのは容易ではない。信孝の場合、花押が変化する契機となる可能性があるのは、年代順に大まかにいって、①神戸氏家督期（～天正五年）、②侍従任官期（同五年十一月～）、③三好康長養子期（同十年）、④本能寺の変以降（～同十一年）などが想定される。

ここで問題にしている信孝軍令書の花押は③にあたるが、相前後する②とも④ともかなり異なる意匠であるのは確かである。染谷氏はそのことを指して、信孝の花押とは考えられないというのであろう。だが、そのように簡単に結論を下すのは早計である。

現存する信孝文書のなかで、④はほぼ同一の花押が複数例見出されて安定している。しかし、政変以前となると難しい。①にあたる天正三年のものや、②の同六年のものがあるが、同一でないだけでなく、形態・意匠になんらかの相似性や発展性が感じられない（『三重県史』資料編中世1下・2）。また②から④への変化も同様である。したがって、その中間にあたる③の花押が、前後の時期との相似性や発展性を見出せないのも無理はない。つまり、①～④の期間はデータ不足のため、信孝文書の花押の経年変化とその契機を系統だって把握するのは不可能である。だから、この信孝軍令書の花押を信孝のものではないと断言することはできず、三好氏の養子という名字の変わった特殊な期間（一カ月ほど）に考案された花押だとしても決しておかしくない。

偽文書といえば、光秀が本能寺の変の当日付で小早川隆景に謀叛を知らせた有名な書状がある（『別本川角太閤記』）。これこそまさに偽文書というべきものだが、この光秀書状と比較して、右の信孝軍令書のほうがはるかに良質である。

それでは、偽文書ではないとすると、信孝が光秀の領内の国侍に権限外のはずの軍令を発した不自然さをどう考えたらよいのか。むしろ、この点がありえないことだとされて、偽文書説の根拠を成しているように思われる。

しかし、そうした理解は妥当ではない。まず先行研究はこの信孝の軍令書を誤解している。これは丹波国侍に対する動員令ではない。書状の冒頭にあるように、丹波国侍はすでに動員されていて、どこかの場所（安土か）に着到しているからである。動員令が発せられたとすれば、それ以前の段階のはずである。しかも、その発令者が信孝であったとはかぎらない。この軍令書でわかることは、馳せ参じた丹波国侍に信孝が兵粮・武器弾薬・船舶の供与を約束していることだけなのである。

信長の広域的な動員令

では、丹波国侍に対して動員令を発したとすればだれなのか。光秀を除けば信長だけだろう。このような事例は過去にもあった。たとえば、天正三年（一五七五）の長篠合戦のとき、信長が畿内近国の大名で長篠に出陣しない細川藤孝や筒井順慶から鉄炮衆を供出させていたことはよく知られている。

ここで、先にみた神戸慈円院正以の書状を思い出してみよう（一〇九〜一一〇ページ参照）。新たに編成された信孝軍団には伊賀衆・甲賀衆・雑賀衆という他国衆が含まれていた。いうまでもないが、信孝にはこれら他国衆を動員できる軍事指揮権はない。正以書状をよく読めば、「御朱印にて」信孝軍団が編成された様子が書かれていることから、発令者が信長であったことを示している。

したがって、丹波国侍を信孝の四国出陣のために加勢させたのも信長だった可能性が高い。信長は信孝の四国出陣にあたって、その経験と兵力の不足を補強するために、丹羽長秀・蜂屋頼隆らの老練な部将を付属させるとともに、畿内近国から広く兵員を調達しようとし、その対象を待機中の大名に求めたと考えられる。光秀も五月十七日までは待機中だった。丹波国侍への動員もそうした広域的な軍勢催促の一環だったのではないか。

なお、先にみた信長の四国国分令によれば、信孝の阿波渡海とともに、信長も淡路まで出陣する予定になっていた。信長はそのために淡路島平定を側近の矢部家定に命じていたようである。『武家事紀』巻第十三の矢部善七郎の条は「同十年、三七信孝四国退治に付て、信長、矢部善七郎（家定）に淡路国を伐取に仕るべき旨を命ぜらる、これにより矢部善七郎諸牢人をあつめ、淡路に渡海せんとするの処、信長弑せられて事成らずやみぬ」と述べている。

矢部家定は自分の軍団を編成するのに諸国から牢人衆を集めたことがわかるが、信孝のもとに集まった丹波国侍も、光秀が丹波平定から国主となる過程で、その給人（直臣）や被官になれなかった在地の牢人衆だった可能性もあるだろう。

第三に、丹波国侍たちが信孝から兵粮・武器弾薬の供給を受けるのも異例である。ふつう、大名領国における軍役は国人や給人の知行高に応じて負担するもので、自弁が原則である。信孝はその負担を免除するという異例の優遇措置によって、より多くの軍勢を調達しようとしたのである。右にみたように丹波国侍が牢人衆なら、軍役をととのえる経済的な余裕がなかったからかもしれない。

信孝がそこまで大盤振舞いできたのは、先にみたように、信長や一門衆・側近衆から「一夜に大名」になるほど膨大に提供された人夫・馬・金・兵粮が原資になっているにちがいない。信孝の軍令の日付（五月十四日）が、信孝が安土に祇候したと思われる時期と重なっていることもそれを裏付けている。

またこの動員令は丹波だけではなく、上山城（南山城）にも発せられた形跡がある。『多聞院』同年五月二十四日条によれば、山城国相楽郡の国人、木津某（甚五郎）が信孝の出陣に奉公するために、その人夫を興福寺から徴用すると要求してきた。木津氏は古くからの上山城の国人であり、かつては松永久秀や原田直政ら大和の支配者に服属していた。翌二十七日条には、同じく上山城の土豪、庄村久三も木津甚五郎に同行するので、その陣始めを行っている。庄村氏は木津氏の一族である。

上山城の国人である木津甚五郎と庄村久三が信孝に従って四国に出陣すること、そして出陣にあたって興福寺に人夫の供出を要求していることが判明する。木津と庄村の出陣も丹波国侍のケースと同様であろう。

もっとも、こうした動員令は木津や庄村のような在地の国人に対して個別に出されたのではなく、上山城の一円支配者を介してのものだったにちがいない。この当時の上山城の支配者がだれなのか必ずしも明らかではない。谷口克広氏によれば、光秀だと推定されるが、筒井順慶や細川信良（京兆家当主）なども該当するかもしれない。

以上から、信長が信孝の四国出陣を支援するために、畿内近国で広域的な軍勢催促を行ったことが判明した。では、信長が分国大名の頭越しに軍勢催促できる権限は何に由来するのか。信長が天正三年（一五七五）九月に定めた「越前国掟」には「大国を預置くの条、万端に付いて機遣ひ、由(油)断ありては曲事に候」（『信長公記』巻八）とあるように、あくまで柴田勝家らに与えたのではなく預け置いたという認識だったのである。

光秀の領国も例外ではなく、丹波国侍もそうして動員された一部であると推測される。信孝軍令書はその丹波国侍を対象に、兵粮・武器弾薬・軍船などの供与（軍役負担の軽減）を約束したものだと考えられる。よって、偽文書説は成立しがたい。

なお、桑田忠親氏はこの信孝軍令書を真正なものと認めたうえで、これを根拠に、信長が光秀の頭越しに丹波国侍を動員したものとし、光秀から丹波国を召し上げて信孝に与えたのではないかと推定している。そして、信長が光秀の所領である丹波・近江を召し上げて、まだ敵領だった山陰の出雲・石見の二カ国を与えようとしたという『明智軍記』の逸話を裏付けていると述べている。

しかし、これは論理の飛躍である。すでにみたように、信孝が与えられたのは讃岐国であり、丹波国もそうだとする確実な史料は見当たらない。またこのような動員令は光秀が領する丹波国だけでなく畿内近国におよんでいたから、丹波国だけが例外的に召し上げられる理由にはならない。

四国渡海直前の信孝

信孝が安土を出立する前に、同城下のイエズス会寺院の司祭オルガンティーノが別れの挨拶に訪れた。彼は信者から親しみをこめて宇留岸(うるがん)師と呼ばれ、同会の都区長であるとともに同会のナンバー2だった。信孝は入信こそしていないものの、熱烈なイエズス会支持者だった。信孝は同師に、四国平定のあかつきにはデウスの教えを広め、聖堂を建設することを約束するとともに、同師らが四国にくることを期待していると述べている。

安土を出立した信孝は五月二十九日、摂津住吉に着陣した。『宇野』によれば、軍勢が多数だったので、住吉とその周辺だけでは収容しきれず、一部は南隣の堺に「家陣」（民家への仮宿）しようとした。堺南北の庄中が「以(もっ)ての外(ほか)迷惑」として堺代官の松井友閑に頼み込み、陣取りを遠慮してもらうといういきさつもあった。

六月一日、信孝は阿波木津城主の篠原自遁に宛てて書状を出している。それには「四国進発に就きて、その国騒動の由候、則ち制札を遺し候間、いよいよ以て相静まるは尤もに候」とあり、阿波国の騒擾(そうじょう)を抑えるために制札を与えるというのである。制札は権力の治安維持能力を示すものである。信孝は織田権力の実効力とおのれの実力を渡海前からおよぼそうとしていた。

翌二日、信孝は泉州岸和田に赴き、城代の蜂屋頼隆から饗応された。頼隆は丹羽長秀らとともに信孝の副将格として渡海することになっていた。渡海は翌三日の予定だった。岸和田沖には鈴木孫一派の紀州雑賀衆の軍船百艘が信孝勢を運ぶために停泊していた。この日朝、信孝は頼隆から朝食を振舞われていた。まさにそのとき、京都では光秀の軍勢が本能寺を攻撃していたのである。

一方、迎え撃つ長宗我部方も織田軍の侵攻を予想して守りを固めていた。元親が阿波の国人に宛てた書状がある。それには元親の抗戦の覚悟がよく表れている（『阿波の中世文書』）。

上勢急度(きつと)渡海の聞こえこれあるに付きて、両国下知として一昨日太西(大西)相着し、昨日岩倉相越し、いよいよ面々覚悟堅固の趣の条、防戦一途までに候、先ず御音信として申せしめ候、委曲面(おもて)を期し候、恐々謹言

長　宮（長宗我部宮内少輔）

五月十九日　元親（花押）

木屋平殿　御宿所

この元親書状は信孝軍の渡海予定日より半月ほど前にあたる。元親は「上勢」＝信孝軍の渡海が確実とみて、「両国」（阿波・讃岐か）に下知するために、みずから阿波美馬郡まで出張し、大西を経て岩倉城まできたことを伝えている。宛所の「木屋平(こやだいら)殿」とは阿波国美馬郡の国人である。同時代の人物としては木屋平刑部丞(ぎょうぶのじょう)や同越前守がいるが、どちらかであろう。元親が麾下の国人衆に「覚悟

堅固」にして「防戦一途」の気がまえをもつよう要求している様子がわかる。

織田一門領の拡大――はじき出された光秀

近年、本能寺の変の背景に、織田権力内部の矛盾・対立があるとする研究も出てきた。私もこの政変を政治的に究明するために、不可欠な視点だと考えている。

たとえば、藤田達生氏は信長の四国政策の転換を重視し、「四国をめぐる外交政策の転換の本質的な原因は、信長の有力家臣間の対立にあったとみるべきである」と述べて、光秀と秀吉の相剋がもっとも深刻だったと強調している。

家臣団どうしの対立・抗争に着目した藤田説は興味深いが、これまで述べたように、光秀と秀吉の四国問題をめぐる対立はそれほど重大ではなく、せいぜい副次的な矛盾にすぎない。四国問題とは、つまるところ、信長と光秀の矛盾にほかならない。天正八年を境として顕在化したその矛盾が、織田権力における権力編成や分国再配置と深くかかわっていることが予想される。

とくにその時期に顕著なのは織田一門衆の動きである。織田一門衆は、いうまでもなく織田権力の重要な構成要素である。その動向がどのような波紋を呼んだか、とくに光秀にどのような影響を与えたかを明らかにすることが、織田権力内部の矛盾の実相をより具体的にとらえることになると考える。

ここでいう織田一門衆とは、前節でみたように、おもに信長の三人の息子、信忠・信雄・信孝である。信忠はすでに天正三年（一五七五）十一月に家督を譲られていたが、残りの二人が台頭してくるのは対本願寺戦が終結してからである。三人とも二十代半ばという血気盛んな年齢になったことも一因だろう。また第一章で、同八年（一五八〇）が信長の統一権力樹立期であると指摘したが、それは一門衆の台頭とも密接な関係がある。

一門衆の台頭とかかわる重要な事件は、同八年の本願寺の降伏とそれにともなう佐久間信盛父子の改易である。本願寺の降伏によって、信長の畿内支配は安定化した。それにともない、分国再編成は不可避となったが、信長はドラスティックな方法を選択した。

それは永年信長を支えてきた老臣である佐久間信盛父子の改易である。本願寺包囲戦の総大将は信盛だった。信盛率いる軍団こそ当時の織田軍のなかで、秀吉・勝家・光秀の軍団を凌駕して最大規模だった。そのため、本願寺が降伏すると膨大な余剰軍事力が生じたのである。

ところが、信長はその軍団をそのまま信盛に託すことを許さなかった。有名な十九カ条の折檻状のなかで、信長は信盛を「武篇道ふがひ（不甲斐）なき」は「由（油）断曲事」と断罪した（『信長公記』巻十三）。信盛は「武篇道」や「武者道」に欠け、大軍団を率いる大将の資格がないというわけである。この折檻状のなかで注目されるのは次の条項である。

一、信長家中にては進退各（格）別に候歟（か）。三川（河）にも与力、尾張にも与力、近江にも与力、大和にも与力、河内に与力、和泉にも与力、根来寺衆申付け候へば紀州にも与力、少分の者共に候へども七ケ国の与力、其上自分の人数相加へ働くにおいては、何たる一戦も遂げ候共、さのみ越度（おつど）は取るべからざるの事。

信盛は直属の軍勢のほか、じつに七カ国に与力を抱えていた。それは織田家の本拠地である尾張・三河・近江、また畿内の大和・河内・和泉・紀州（根来衆）である。このうち、「三川」の与力は家康ではなく、南尾張から西三河にかけて勢力を張る水野一族であろう。

このとき改易されたのは信盛父子のほか、古株の老臣林秀貞、西美濃三人衆の一人である安藤守就もいた。これも合わせると、信忠の分国と信長直轄の近江領が拡大する結果をもたらした。つまり、信盛父子の改易は、信長直轄領・一門領の拡大を目的とする面をもちながら、織田権力における権力再分配と分国再編成を不可避とする契機にもなったのである。信孝の四国配置もその延長上に位置付けられると考える。『日本史』第五五章にもそれをうかがわせる記述がある。

信長は、事実行われたように、都に赴くことを決め、同所から堺に前進し、毛利を平定し、日本六十六カ国の絶対君主となった暁には、一大艦隊を編成してシナを武力で征服し、諸国を自らの子息たちに分ち与える考えであった。そして後嗣の長男には、すでに美濃と尾張両国を与えていたが、今回新たに占領した甲斐国の国主の四カ国を加え、御本所（ごほんじょ）と称する次男には、伊勢と伊賀両国を与え、都に向かって出発するに先立ち、三七殿と称する三男を四国の四カ国を平定するために派遣した。

信長は信忠に尾張・美濃・信濃・甲斐など東国六カ国、信雄に伊勢・伊賀の二カ国、信孝に四国の四カ国を与えるつもりだったと、フロイスは述べる。信長は畿内とその周辺を直轄領と一門領で固めるつもりだったと思われる。

信長の分国再編成がもたらす波紋

この点について谷口克広氏も、信長が「近国掌握構想」を抱いており、信長の最晩年に、近江を中心として近国を直接掌握する計画があったと指摘している。谷口氏のいう「近国掌握構想」とは、信長直轄領と一門領のほか、菅屋（すげのや）長頼・堀秀政らの若手側近を大名に取り立てて近江近国に配置するつもりだったと想定するところに特徴がある。

具体的には、菅屋には越前府中（旧領主は前田利家・利長）、堀には近江長浜（現領主は羽柴秀吉）を近いうちに与えるつもりだったという。羽柴秀吉・柴田勝家ら年配の方面軍司令官は織田領国の外縁にすでに安定した分国（与力領を含む）を形成しているため、近江に残していた所領は収公される頃合いだったと谷口氏は指摘している。

秀吉が近江長浜を収公されるなら、光秀の近江坂本もそうなる可能性が高く、別の若手側近に宛行（あてが）われる予定だったかもしれない。丹波国も微妙な位置にある。たとえば、摂津国茨木城主の中川清秀も天正八年九月、信長から中国の「一両国」（一、二カ国）を宛行うという朱印状を与えられている（『中川家文書』一号）。清秀は光秀より格下だが、加増のうえ中国に国替えされる予定であった。嫡男秀政が信長の女婿だとされているので優遇されたのだろう。摂津国の郡持大名クラスさえそうなら、丹波国を本拠とする方面軍司令官の光秀も国替えの対象に含まれるかもしれなかった。

このようにみてくると、信長が一門衆や若手側近を国持や郡持の大名に引き立てて近江や畿内近国に配置しようという新たな分国再編成は、一方で年配の方面軍司令官にしわ寄せされる結果をもたらしかねず、織田権力の根幹にかかわる部分で深刻な軋轢を引き起こす可能性があった。

そのなかで、勝家は越前を領有して七年もたつ。秀吉は播磨・但馬を領有してまだ二年ほどだったが、すでに姫路を居城としていた。ところが、光秀は近江坂本だけでなく、丹波国も国替えされる可能性さえあり、二人とは条件が異なっていた点に注目すべきだろう。だから、この分国再編成は年配の方面軍司令官のなかでも、光秀に対してより不利に作用することになるかもしれなかった。

つまり、信長が一門衆と若手側近の地位上昇のためにとった諸策が織田権力内の分国再編成を急激に促し、その相互作用のなかで、玉突き的にひとり光秀だけが割を食う結果をもたらしたのではないか。信長は光秀の不満と疎外感を軽視した。それが本能寺の油断に直結したと考えられる。

信長の専制君主化をいっそう促進する志向性をもったこの権力編成を、もうすこし巨視的にみることもできるだろう。それは東アジア的視点の導入である。右のフロイス報告にも、信長は毛利氏を平定したのち、中国（明国）を武力で征服し、諸国を息子たちに分け与えるという構想が述べられている。

これまでイエズス会関係史料は教義上の独善性や排他性による誇張や歪曲があるとして、あまり顧みられることはなかったが、近年、同史料に記載された事柄の多くは信用できることが裏付けられてきている。

そうした研究動向のなかで、堀新氏はこのフロイス報告を重視し、信長の未完の構想を一定程度反映しているものととらえている。とくに明征服、一族への諸国分割など、のちの豊臣秀吉の三国国割構想との類似性（秀吉が信長の構想を模倣した可能性）を指摘し、信長が「明から自立した日本国王」から大陸征服によって「中華皇帝」へと展開するつもりだったのではないかという壮大な仮説を示している。

秀吉の三国国割構想とは、文禄の役のとき、肥前名護屋に在陣中の秀吉が在京の関白秀次に宛てた朱印状（天正二十年五月十八日付）で、日本・明国・朝鮮の国割と人事配置を具体的に述べたものである（『太閤書信』八〇号）。たとえば、

羽柴秀次……大唐関白／国内では関白内大臣、所領は近江・尾張
羽柴秀保……日本関白候補／秀次の三弟・秀長の養嗣子、所領は大和・紀州
宇喜多秀家……日本関白か高麗（こうらい）王候補／秀吉の女婿、所領は備前・美作（みまさか）
羽柴秀勝……高麗王候補／秀次の次弟、所領は美濃
羽柴秀俊……高麗王候補／のち小早川秀秋、所領は丹波

これらの秀吉一門衆は、秀次が関白として後継者となっているのをはじめ、いずれも畿内近国の国

持大名でもあったことが注目される。

秀吉の三国国割構想と比較するとき、信忠をはじめとする一門衆の地位上昇と再配置をもたらした信長の権力編成も、大陸征服に向けたワンステップだったという見方ができるかもしれない。

3　雑賀衆の動向と四国問題

雑賀一向宗と雑賀衆の違い

六月二日、まさに本能寺の変当日、信孝が岸和田に滞在していたとき、その湊には渡海に備えて紀州五搦（ごからみ）中の軍船百艘が停泊していたことはすでに述べた。紀州五搦中とは雑賀衆のことである。雑賀衆は信孝軍団の渡海を支援する手はずになっていたのである。

雑賀衆といえば、私たちは真宗門徒で本願寺合戦で活躍した鉄炮集団をすぐイメージする。それはまったくのまちがいではないが、必ずしも正確ではない。

五搦とは、雑賀庄・十ヶ郷・宮郷（社家郷）・中郷（中川郷）・南郷（三上郷）という五つの庄郷の総称であり、雑賀五搦とか雑賀五組とも呼ばれた。また紀州惣国一揆とも呼ばれ、一種の地域権力を形成していた。

この五搦は構成員のすべてが本願寺門徒というわけではない。この点がこれまで軽視されていた。

武内善信氏は、真宗門徒集団である雑賀一向衆と非門徒も含めた惣的結合集団である雑賀衆（雑賀一揆）は、お互いに組織原理が異なるから区別すべきだと指摘している。雑賀一向宗は道場を単位とした本末関係で結ばれているのに対して、雑賀衆は惣荘・惣郷単位の地縁集団だとされる。そして、雑賀衆全体に占める本願寺門徒の割合は三分の一強程度にすぎないという。残りは浄土宗（鎮西派と西山派）と真言宗である。

雑賀衆は本願寺合戦に顕如方として参戦した印象が強いが、史実は決してそうではない。武内氏の整理に従ってその流れを追ってみよう。

元亀元年（一五七〇）、本願寺が三好三人衆に加勢して挙兵したとき、雑賀門徒（雑賀一向衆）を含む雑賀衆が本願寺側につかず信長方として出陣したことはよく知られている。これは守護の畠山氏が健在で、当主昭高は信長の養女を娶っていたため、雑賀衆は惣国一揆の規制を受けて独自に行動できないという事情があった。

ところが、天正年間になると、織田権力と紀州惣国一揆の関係が一変する。まず信長の支持を受けていた守護の畠山昭高が家来の遊佐（ゆさ）氏に暗殺された。次に信長と将軍義昭の決裂である。信長に追放された義昭は紀州由良に移って反信長戦線の結成を呼びかけた。この二つの要因によって、雑賀一向衆を中心とする雑賀衆の相当数が畠山氏の規制から脱して、義昭側に立った本願寺に加勢することになる。

そのさい、雑賀一向衆＝本願寺門徒が本願寺を支援するのは当然としても、非門徒であるほかの雑賀衆がなぜ本願寺を支援したかといえば、信長か義昭かの選択であり、紀州の地にいる義昭を支持したというわけである。

もっとも、雑賀衆全体が反信長戦線に加わったわけではなかった。雑賀五搦のうち、本願寺に合力したのはおもに雑賀庄・十ヶ郷で、残りの三搦は関係の深い根来衆とともに信長に味方している。雑賀庄と十ヶ郷では本願寺門徒と浄土宗西山派の勢力が優勢で、この連合軍が本願寺を支援する中核部隊となった。鈴木孫一（十ヶ郷）と並ぶ有力土豪である雑賀庄の土橋氏は浄土宗西山派に属していた。

武内氏は天正前半期における雑賀衆の動向を次のようにまとめている。

「雑賀五組を基盤に惣的に結合した雑賀一揆は、当時の主要な政治対立である信長対反信長の戦いに巻き込まれ、非門徒を含めた雑賀二組の個々の土豪と三組の門徒も多数加わった雑賀一向衆とによる反信長連合である雑賀一向一揆と、大半の根来衆とともに信長方についたほかの三組による反一向一揆連合に分裂した」

ところで、同五年（一五七七）の信長による雑賀攻撃によって、雑賀一向一揆はいったん降伏を余儀なくされた。このとき雑賀三組は信長方についたが、戦後、打撃を蒙ったのはむしろ雑賀三組側だったと武内氏は指摘している。雑賀二組の一向一揆側の攻撃により南郷など三組の非門徒側が敗北したというのである。その過程で、両派の勢力バランスが崩れて、一向一揆側が優勢となり、そのなかでも有力土豪である鈴木孫一や土橋平次の力が大きくなったというのである。

そういえば、同八年六月、教如派だった土橋平尉春継・同胤継（平次か）が織田方の佐久間信盛らに降伏の起請文を出している。土橋両人（胤継が父、平尉春継が子か）が、ほかの雑賀衆の頭目との連署ではなく単独で起請文を提出できるのも、その勢力が大きかったことの傍証になる。

鈴木孫一と土橋平尉の対立

右のように、元亀年間から本願寺降伏までの約十年間の雑賀衆の動向をみてきたが、ここで問題になるのは、雑賀衆のなかでも強大化した二大勢力となった鈴木孫一と土橋一族の動きである。前者が顕如派（対織田融和派）、後者が教如派（対織田強硬派）という立場の違いと対立が、信長の四国政策の転換にともなって大きく顕在化してくることになった。

ちょうど織田権力と長宗我部氏が決裂した時期にあたる天正十年正月、雑賀衆の両雄どうしの抗争が勃発した。『信長公記』は次のように述べる（傍線は著者）。

> 正月廿七日、紀州雑賀の鈴木孫一、同地の土橋平次を生害候。子細は、鈴木孫一が継父、去年土橋平次討殺し候。其遺恨に依つて、内々上意を経、今度平次を生害させ、土橋構押詰め、右の趣注進申上ぐるの処、鈴木御見次として、織田左兵衛佐（信張）大将として、根来・和泉衆差遣はされ、然て土橋平次子息、根来寺千織坊（泉識坊）懸入り、兄弟一所に楯籠るなり。

まず事件のあった日にちだが、同書の筆者太田牛一は正月二十七日としている。しかし、本願寺の取次である公家の勧修寺晴豊の『晴豊』も、紀州雑賀の鷺森で本願寺顕如の右筆をつとめる宇野主水の『宇野』も正月二十三日だとしている。二人とも太田牛一より雑賀事情にくわしいので、二十三日のほうが正確だろう。また引用中の土橋平次は同若大夫（もしくは若太夫）と同一人物である。若大夫の子にも平次がいるので、混同を避けるために、以後は若大夫を使いたい。

事件の発端は「木本の儀」に関するものだったようである。鈴木眞哉氏や石田晴男氏はこれを十ヶ郷に属する木本荘についての所領紛争だととらえている。あるいは人名であろうか。木本は源内大夫という雑賀衆の有力者の本拠でもある。あるいはこの人物が孫一の継父だったものか。

それはさておき、「木本の儀」を心配していたのは本願寺顕如だった。顕如が鈴木孫一に宛てた書状によれば、「木本の儀」について、孫一と若大夫とがかねてからもめていたのをみて、顕如が双方に「国の破れ」になるかもしれないと仲裁していた。顕如は両者の諍い（いさか）がきっかけになって紀州惣国一揆が分裂することを危惧したのである（『和歌山市史』四―四七九号）。

しかし、両者は顕如の仲裁を受け容れなかった。そして天正九年、若大夫がとうとう孫一の継父を殺害してしまった。十年正月二十三日、今度は復仇（ふっきゅう）の機をねらっていた孫一が若大夫をどこかの橋の上で殺害したのである。

その後のいきさつは『宇野』にくわしい。父若大夫を孫一に殺された土橋兄弟の五人は居城に籠った。兄弟は上から平丞（平尉、春継）・平次（胤継か）・泉職坊（せんしきぼう）（千職坊、根来行人方（ぎょうにんかた））・威福院・くす千代の五人である。一方、孫一方にも平太夫・小左衛門・幸仏といった有力土豪が味方したので、土橋方が劣勢になった。やがて孫一方が土橋方に押し寄せて鉄炮いくさが起こった。顕如が双方を仲裁したが、孫一方は同意しなかった。

そこへ信長の命で織田信張勢が乗り込んできて、土橋方の小倉監物が成敗されたという。これを機に、土橋兄弟のうち平丞と平次がひそかに逃亡した。泉職坊も夜陰に紛れて逃げたが、信張配下の寺田某によって討ち捕らえられ、その首級は安土城の百々橋詰に晒された。威福院も逃亡した。

結局、土橋方が敗北し、二月八日に顕如の調停により和睦が成立し開城となった。土橋兄弟で残ったくす千代は幼少だったと思われ城内に残ったが、和睦により顕如に保護されたものか。土橋の城は放火され、信張が城代となって入城した。

土橋兄弟と孫一の対立は後者が優勢だったが、勝敗を決定づけたのは織田信張勢の介入だったと思われる。ではなぜ、雑賀衆の内紛に織田軍が介入したのか。

光秀が死の前日に認めた書状の相手

ここで注目すべきは、右引用の傍線「内々上意を経」という部分である。「上意」とは信長の意向にほかならない。つまり、孫一はひそかに信長の内意を得て、若大夫殺害に踏み切ったのである。それならば、事はたんに雑賀衆内部の所領争いという次元にとどまらず、織田権力が孫一を介して雑賀衆の内部問題に介入してきたことを意味する。織田信張（泉州岸和田城主）の軍勢が雑賀に進駐してきたのは孫一を支援するためだった。さらに信長側近の野々村正成まで鷺森（さぎのもり）御坊にいる本願寺顕如を警固するために雑賀に下向してきている。

なぜ信長は雑賀衆の内紛に介入し、一方の当事者である孫一を支援して土橋一族の排除を認めたか。それは、土橋一族がもともと反信長意識が強い旧教如派であり、かつ備後在国の将軍義昭との密接な関係があったこととかかわっている。

土橋氏と将軍義昭（と反信長戦線）の関係を示す史料はいくつかある。天正五年（一五七七）八月十五日、義昭の取次である一色昭秀・真木嶋昭光が土橋善大夫に宛てた書状で、信長との戦いに諸卒をひとつにして働いたことをほめるとともに、「いよいよこの時期に格別に忠義をなさるべきことが祝着だと公方様が仰せだ」と述べている（『和歌山市史』四―三六八号）。善大夫は若大夫のまちがいか同族であろう。

『別所長治記』によれば、同七年九月十日、別所長治が籠る播磨三木城の攻防戦で、三木城を支援する毛利方は城内に兵粮を入れようとした。大村合戦と呼ばれるもので、雑賀衆もこれに加勢していることがわかる。雑賀衆は明石の魚住に橋頭堡となる要害を築き、間道から兵粮を入れようとした。毛利勢が羽柴方の付城である平田砦に奇襲をかけ、守将の谷大膳を討ち取った。そして雑賀衆が登場する。

「此戦の間に三木方の武者手島市之助・土橋平之丞・渡辺藤左衛門下知して、七・八千人の人夫を以て三木城へ兵粮を入れる」

名前が出ている三人の大将は雑賀衆の有力者である。さらに「兵粮にも構わず、手島・渡辺・土橋は横合に平田の城に押寄せ、塀柵を切崩す」とも記されており、三人は平田砦に攻めかかっている。このうち、土橋平之丞は若大夫の長男平尉春継であることはまちがいない。

この兵粮入れは結局、羽柴秀吉の機転によって阻止されたものの、雑賀衆の土橋氏がわざわざ播磨まで出張して毛利勢と三木城救援の共同作戦を展開したのは、将軍義昭からの要請によるものと思われる。三木城救援作戦に参戦した土橋平尉は将軍義昭を支持する筋金入りの反信長勢力だったといっても過言ではない。その姿勢は本願寺が降伏してからもそれほど変わらなかったと思われる。

じつは、明智光秀が死の前日に認めた書状（六月十二日付）が、この平尉に宛てたものである（『信長文書』七二〇号）。重要な史料なので、第五章でまたくわしく検討するが、この光秀書状は平尉からの書状に対する返信となっている。その内容から、平尉が将軍義昭の「上意」（上洛への協力要請）を光秀に取り次いだことが判明する。平尉は将軍義昭と光秀を仲介する立場にもあったのである。

信長が土橋一族を排除した理由のひとつは、右のように将軍義昭と雑賀衆の関係を断ち切るためだったといえよう。

余談ながら、このことからもうひとつの連想が生じる。本能寺の変の急報を毛利方に伝えたのも土橋平尉だったのではないかと思われることだ。毛利方が政変を知ったのは三日後の六月五日だった。

それを示すもっとも確実な史料は毛利両川の一人である吉川広家の「自筆覚書案」で、「紀州雑賀より、信長不慮の段、慥かに申し越し候」とあって、雑賀衆から飛報が伝えられている（『吉川家文書』九一七号）。

この雑賀衆の該当者だが、信長への敵愾心が強く将軍義昭と近い立場にある平尉がもっともふさわしいだろう。平尉は毛利氏だけでなく義昭にも伝えたにちがいない。その縁から義昭が光秀へのコンタクトを平尉に依頼することになったので、右にみた光秀の返状が平尉に宛てられたと考えるのがもっとも自然な理解である。

信長の分断政策と制海権確保

かくして土橋兄弟は雑賀から放逐され、親信長派の鈴木孫一を中心とする雑賀衆（五搦）の新たな統一が実現した。信長が雑賀衆の内紛にあえて介入したのは、長く信長を苦しめた雑賀衆内部の敵対分子を排除してその無害化を実現するためだけではなかった。

それは信孝軍団の四国渡海計画と密接に関連していた。四国攻めのためには兵員や物資の輸送ルートである大坂湾・紀淡海峡・紀伊水道の制海権の確保が不可欠である。信長は雑賀衆を味方につけてその水軍力をそれに活用することを意図していた。孫一は信長のその意図に応え、土橋派放逐への援助の見返りに信孝の四国渡海を全面的に支援することになった。岸和田沖の軍船百艘がそれであり、信孝軍団に加わった雑賀衆の陸兵一千人もそうである。

ところで、石田晴男氏はこの雑賀衆の内紛の意義として、「鈴木の土橋追放という行動は、たんに木本庄をめぐる争いや『遺恨』からだけでなく、背景に信長と長宗我部のいずれが阿波を領し、瀬戸内海航路の海上権を握るかという重要な問題をめぐっての闘争であったと考えられる」と指摘している。

雑賀衆の内紛を、海上権（制海権）と阿波領有をめぐる信長と長宗我部氏の闘争としてとらえる視点はまことに興味深い。そのような見方をしているのは石田氏だけではない。武内善信氏も鈴木孫一と土橋一族の内紛を「彼らの衝突の背景には、信長につくか、土佐の長宗我部に与（くみ）するかの路線対立があったことは確かである」と指摘している。つまり、雑賀衆をめぐっての信長と元親の争いだということになる。

では、雑賀衆と長宗我部氏の結びつきはどのようなものだったのだろうか。史料が少ないのでくわしくは論じられないが、一、二の事実を指摘できる。

まず、本能寺の変後の八月、織田権力が分裂状態になった間隙（かんげき）を縫って、元親が三好存保の籠る勝瑞城を攻めたことに関して、『元親記』は「紀州湊雑賀衆元親卿へ加勢に渡りたり」と記している。

このとき、元親の加勢をした雑賀衆は明らかに土橋平尉らであろう。本能寺の変翌日の六月三日夜、動揺した鈴木孫一は居城を逃れて岸和田城に入り、織田信張の庇護下に入った。これは紀州湯河方面に亡命していた土橋平尉らが信長の死を知って雑賀に帰ってきたためである。したがって、元親を加勢したのは土橋平尉らを中心とする雑賀衆だったことになる。

信長が分断したかったのは、こうした元親と雑賀衆の結びつきだったのではないだろうか。それは孫一による雑賀衆の統合によって達成でき、信孝の四国渡海の条件はととのったといえるだろう。

第四章　本能寺の変の仕掛け人、斎藤利三

1　明智家と長宗我部家を結ぶ糸

「今度謀叛随一」

これまで、本能寺の変の背景に信長の四国政策、すなわち長宗我部氏の問題が横たわっていることを強調してきた。明智家中で長宗我部氏ともっとも深い関係にあったのが、光秀の家老、斎藤内蔵助(くらのすけ)利三である。

竹中重門(しげかど)（竹中半兵衛の子）が著した『豊鑑(とよかがみ)』にも「斎藤内蔵助は明知(明智)が二(ふた)なき者なり」と書かれており、光秀にとって無二の重臣だったことはまちがいない。そのためか、利三については、光秀のほかの重臣よりも本能寺の変に関与していた形跡をうかがわせる史料が多い。

たとえば、公家の山科言経(ときつね)の『言経』である。利三は山崎の合戦で敗走して近江堅田(おうみかたた)に潜んでいるところを捕縛された。六月十七日、京都六条河原で利三は処刑されたが、言経はその日の日記に「日向守(光秀)内斎藤蔵助(内蔵助)、今度謀叛随一也」と書き記した。言経は、利三こそが本能寺の変を起こした張本人

だと述べているのである。

同じく公家の勧修寺晴豊の『晴豊』も捕縛された利三について「早天に済藤蔵助（斎藤内蔵助）と申す者、明智の者也、武者なる物也、かれ（彼）など信長打ち談合衆也、いけ（生）とられ（捕）車にて京中わたり（渡）申し候」と書いている。「武者なる物」とは武勇の者、豪の者という意味だろう。利三が明智家中でもひときわ目立つ武将だったことがわかる。「信長打ち談合衆」というのは、本能寺の変の直前、光秀が謀叛を相談した家老衆のことであり、利三もその一員だったことは『信長公記』によっても裏付けられる。

長宗我部氏関係の編纂物にも利三の名前がよく出てくる。『元親記』には、神戸信孝が泉州岸和田に出陣してきたことを述べたのち、「扨て斎藤内蔵助は四国の儀を気遣に存ずるによつてなり。明智殿謀叛の事いよいよ差し急がれ、既に六月二日に信長卿御腹をめさる丶」と書かれている。利三が「四国の儀」、つまり長宗我部氏が信孝に攻められることを心配し、そのために謀叛を急いだというくだりは謀叛動機とのかかわりから、もっと注目してよいと考える。

『長宗我部譜』にも、本能寺の変の記事があり、その割書に「四国違変によりて斎藤殃がその身に及ぶを思ひて、明智をして謀叛せしめんと存ず」と書かれている。利三が織田軍の四国攻めにより失脚しそうになったので、光秀を使嗾して謀叛を起こさせたという意味であろうか。光秀以上に利三が謀叛の張本人というニュアンスさえ感じられるではないか。

このように、一次史料である公家の日記にも、長宗我部氏関係の編纂物にも、利三が本能寺の変に深く関与していたことを示唆する記事が多いことが確かめられた。そして、利三の関与の程度は、たんに光秀の意向に家来として従っただけではなく、独自の動機があるように感じられる。そのあたりをみていきたい。

稲葉家中での利三の地位

まず、斎藤利三という人物に迫るために、その履歴を簡単にふれておこう。

利三の系譜は『寛永諸家系図伝』第九、『寛政譜』第十三、『柳営婦女伝系』八（春日局之伝）、『美濃国諸家系譜』『岐阜縣古文書類纂』『美濃明細記』ほか何種類かあるが、長宗我部元親の正室を利三の娘とする明らかな誤りを犯しているなど、矛盾点や不明点が多い。一方、父斎藤伊豆守以降の系譜としてもっとも正確なのは『蜷川家古文書』であろうか。

それらの記述を総合して、ほぼ確実だといえるのは次の諸点である。

①父は斎藤伊豆守と名乗り、通称は右衛門尉、諱はおそらく利賢だと思われること。

②母は幕府政所代の蜷川大和守親順の娘であること。

③利三の兄が幕府奉公衆（御小袖御番衆）の石谷兵部大輔光政の養子となり、同じく幕府奉公衆（外様詰衆）として石谷孫九郎、兵部少輔と名乗り、諱は頼辰と称したこと。

④頼辰の養父である石谷光政の娘が長宗我部元親の正室であること。つまり、利三の義妹が元親に嫁いだこと。

⑤利三の正室は『寛政譜』にあるように、稲葉一鉄の姪（一鉄兄通明の娘）だと思われる（『稲葉家御家系典』は通明の子貞通の娘でアンという名だったとする）。

そのほかにも、事実かどうか微妙な問題もいくつかある。②に関連するが、明智光秀の妹が父伊豆守の内室で、利三の生母だとする系譜類が多い。もしそうならば、利三は光秀の甥ということになるが、真偽のほどは不明である。

「春日局之伝」（『柳営婦女伝系』八）によれば、利三は斎藤新五郎の養子になったという。利三の娘である春日局の系譜ではあるものの、これも疑問である。斎藤新五郎は斎藤道三の子で義龍の弟だとされ、信長に庇護されて旗本部将になっている。大身とはいえないまでも、一軍の将であるから、利三がその養子となったならば信長の直臣になるわけで、稲葉一鉄の与力もしくは家来だったとする通説と矛盾する。

また、『寛政譜』『寛永諸家系図伝』のほか、『干城録』七に「はじめ三好修理大夫長慶が先手松山新助某に属し」たとあるのは、事実かどうか確認する術はないものの、意外な記事である。三好長慶は永禄七年（一五六四）に没しているから、それ以前に利三が美濃国の外に出ることは考えにくい。

余談ながら、利三の読みについて『明智軍記』は「としかず」とルビを振っている。同書は俗書ながら、明智家中の末裔らしき事情通が編纂に関与している形跡があるので、このルビは無視できないが、とりあえず本書では通説どおり「としみつ」と読んでおきたい。

以上の点をふまえ、さらに朝倉慶景氏の一連の論考を参考にしながら、利三を中心として姻戚関係にある石谷・蜷川両氏に長宗我部氏を加えた略系図を作成した。

さて、利三が西美濃三人衆の一人である稲葉一鉄の家中にあったのはまちがいない。一鉄の姪聟と思われ、稲葉氏の一門衆という立場だったが、その身分は曖昧な点が多い。

たとえば、『翁草』には「諸録を閲するに、信長の隷士にして、明智が麾下に属す共、又は明智が服心の臣の様にも見えたり、両説不詳」とあり、信長の家臣で光秀に与力として属したとも、光秀の腹心の家来にもみえると両論併記しているほどである。

もうすこし利三の身分・立場について追究してみよう。利三がはじめて登場する一次史料は「宮司引付」という伊勢神宮関係史料である。

一、満長の宮司職の事、稲葉伊予守殿(一鉄)御祈禱に相続なさるべきの由にて、京都の儀、斉藤蔵介殿(斎藤内蔵助)御使者として、菊亭(晴季)殿様へ仰せ上げられ候の処、(後略)

年次は永禄十二年(一五六九)ごろと思われるが、利三が一鉄の命で、伊勢神宮の社家の一員と思われる満長なる人物を宮司職に補任するにあたって、その口宣案を得るために、京都の清華家公卿の菊亭晴季のところに使者となって出向いている。

また、『信長公記』にも利三が三回登場する。二回は本能寺の変関係だが、残りの一回は元亀元年(一五七〇)五月六日条で、次のように記されている。

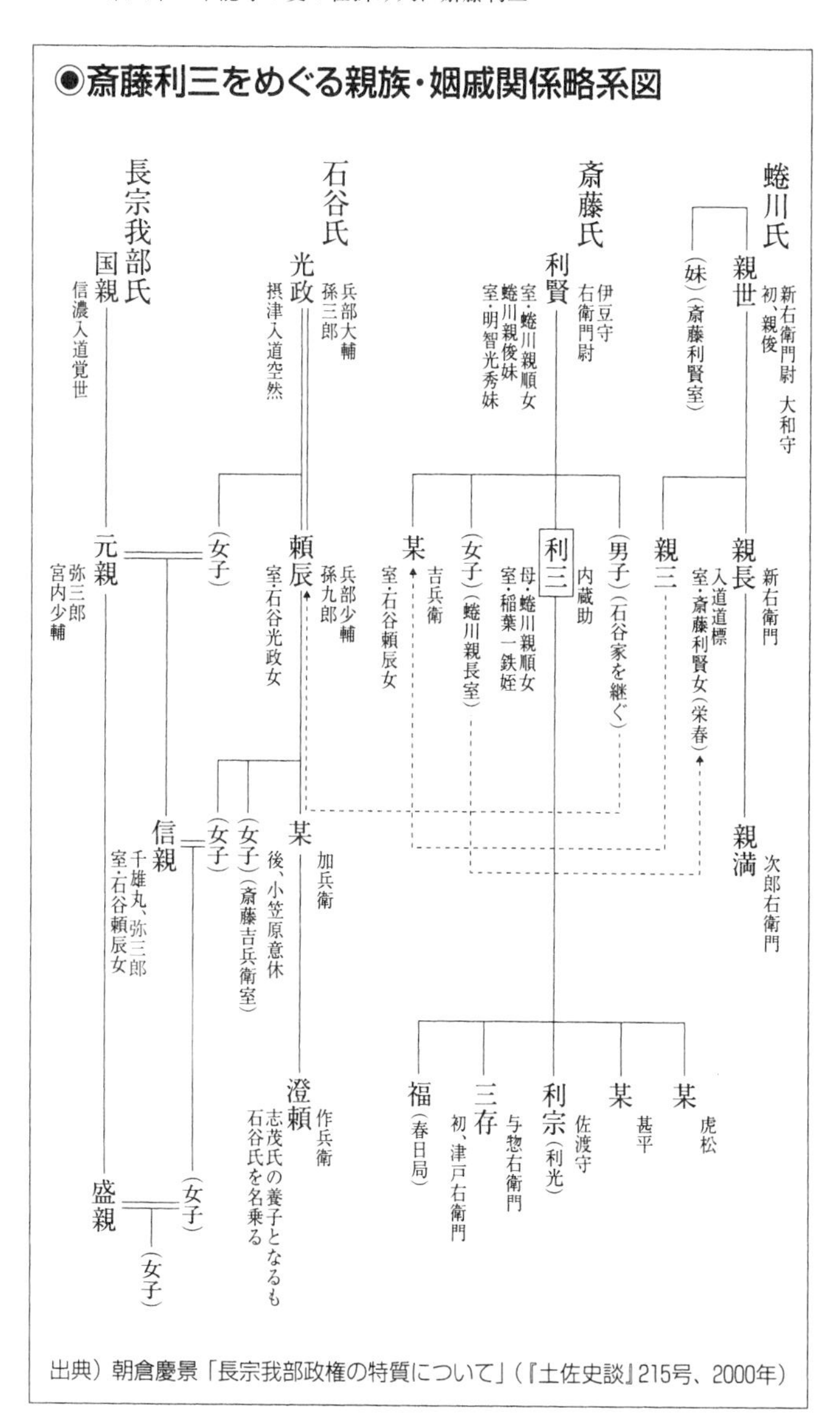
◉斎藤利三をめぐる親族・姻戚関係略系図
蜷川氏
親世
新右衛門尉　大和守
初、親俊
（妹）（斎藤利賢室）
斎藤氏
利賢
伊豆守
右衛門尉
室・蜷川親順女
蜷川親俊妹
室・明智光秀妹
石谷氏
光政
兵部大輔
孫三郎
摂津入道空然
長宗我部氏
国親
信濃入道覚世
親長
新右衛門
入道道標
室・斎藤利賢女（栄春）
親三
（男子）（石谷家を継ぐ）
利三
内蔵助
母・蜷川親順女
室・稲葉一鉄姪
（女子）（蜷川親長室）
某
吉兵衛
室・石谷頼辰女
頼辰
兵部少輔
孫九郎
室石谷光政女
（女子）
元親
弥三郎
宮内少輔
親満
次郎右衛門
某
加兵衛
後、小笠原意休
（女子）（斎藤吉兵衛室）
（女子）
信親
千雄丸、弥三郎
室・石谷頼辰女
某
虎松
某
甚平
利宗（利光）
佐渡守
与惣右衛門
三存
初、津戸右衛門
福（春日局）
澄頼
作兵衛
志茂氏の養子となるも
石谷氏を名乗る
盛親
（女子）
（女子）
出典）朝倉慶景「長宗我部政権の特質について」（『土佐史談』215号、2000年）

然る間、江州路次通りの御警固として、稲葉伊予父子三人・斎藤内蔵人佐(内蔵助)、江州守山の町に置かせられ候処、既に一揆蜂起せしめ、へそ(綣)村に煙を挙げ、守山の町南の口より焼き入り候を、稲葉諸口を支へ、追崩し数多(あまた)切捨て、手前の働比類なし、

これによれば、利三は稲葉一鉄父子とともに近江守山に在番し、守山一揆(一向一揆だと思われる)と戦い、これを大いに破っている。『信長公記』に登場する織田家家臣は直臣かその一門に限られ、原則として陪臣は登場しない。だから、利三の名前をわざわざ稲葉父子と並べてあげてあるのは、その身分が信長からみて陪臣層ではなく一鉄の一門衆だと理解されていたことと、武功が際立っていたからだろう。

信長が永禄十二年六月七日付で、一鉄の嫡男貞通に宛てた領中方目録の第一条には「一、一鉄本知方当知行分、同与力・家来、名田、寺社領共」と記されている(『信長文書』一八四号)。信長は貞通に一鉄の本知を当知行分として安堵するにあたって、与力分以下も一括してそのなかに含めていることがわかる。このことは与力以下に対する稲葉氏の寄親(よりおや)としての権限がより強いことを物語っている。そして、利三の身分はこの与力にあたるのではないだろうか。

もっとも、同目録の別条には、日禰野盛就(ひねのもりなり)・国枝助右衛門(重元か)・土居・堀池(半之丞か)の当知行分も安堵すると記されている。国枝重元と堀池半之丞なら一鉄の女婿にあたる。いずれにしろ、この四人は稲葉家中ではなく、別家を形成しながらも同じ西美濃の国人という地縁的な関係から一

鉄・貞通父子の軍事指揮権に従って一軍を編成する、いわゆる寄騎部将に相当すると考えられ、同じ与力・寄騎でも、稲葉家中の内にいる利三とはその地位と処遇をおのずと異にしていると考えられる。

武勇を知られた利三

先ほど利三が武勇に優れていたと述べた。たとえば、『美濃国諸家系譜』に「無双之英勇」、『春日局之伝』に「武功絶倫」、『翁草』に「隠れなき勇士」とあるほどだ。

ほかにも興味深い逸話がある。蒲生氏郷が会津九十数万石を領するようになった晩年、伊藤半五郎（のち美濃大垣城主の伊藤盛正か）という豊臣家臣に宛てた書状のなかで、利三から武辺の大事さを説かれたことを記しながら、半五郎に訓誡を与えているので要約して紹介したい（『氏郷とその時代』）。

氏郷が若いころ、儒道と茶湯ばかり心がけて弓矢の修行を怠っていたら、斎藤利三から不要なことに心を尽くすより、家職、つまり武辺に心を入れよと会うたびに諫められていたが、気にもかけていなかった。

ところが、信長が近江観音寺城を攻めたときのこと。織田軍の先手が伊賀衆、二陣が濃州衆で、蒲生勢は濃州衆とともに出陣していた。そこへ利三が一騎だけでやってきて氏郷に告げた。

「伊賀衆が今日は先手だが、足軽がどうも乱れていて落ち着かない様子である。このぶんでは城中から人数が押し出すと先手は敗軍するだろう。そこでそなたは備えを西の山の竹藪に隠しておき、先手が崩れたら、そのまま通過させて、追ってきた敵の真ん中に横入りに懸け入れば、必ず勝利するだろう」

するとと案の定、伊賀衆が深入りして敗走した。それを追ってきた敵に横入りに懸かったら、今度は敵が敗走したので、十四町も追って三十の首級をあげて信長に披露したところ、信長が「若輩者なのに神妙の働きである」と御感（ぎょかん）になって、腰の二字国俊（にじ）（来国俊）を拝領した。

それ以来、利三の異見のように、武士に遊芸の誉れは要らないことだと会得した。利三は「武勇のある者を抱え置き、武勇の誉れを得れば、立身は疑いないものだ。侍の心の小さいのは焼いても煮ても喰えない」とよく申していた――。

氏郷の二十五年ほど前の懐旧談である。信長の観音寺城攻めといえば、永禄十一年（一五六八）九月の上洛戦のときだろう。このとき、二陣の濃州衆に混じっていた氏郷に利三が会いにきたというのだから、利三も稲葉一鉄の麾下に属していたのだろう。

懐旧談には本能寺の変ののち、氏郷が明智弥平次と戦ったことを書いているが、豊臣政権からみれば反逆者となった利三に対して非難めいた言葉を書いていないどころか、むしろ、武辺を心がけるよう説いてくれた利三の訓誡あって今日の自分があると、利三のことを非常に懐かしがっている風情さえ感じられる。氏郷の懐旧談は、利三の武辺が織田家臣団のなかでよく知られていたことを示している。

利三が光秀に仕えた理由と時期

では、武勇に優れた利三がなぜ稲葉家を出て光秀に仕えるようになったのだろうか。それを一次史料でうかがい知るのは難しい。この問題は本能寺の変と無関係とは思われず、謀叛の動機の一部を成しているように思われるから、すこし追究してみたい。

その手がかりは編纂史料によるしかないので、娘である春日局の系譜『柳営婦女伝系』八（春日局之伝）、細川藤孝と縁が深い『永源師檀紀年録（えいげんしだんきねんろく）』、利三の旧主筋の『稲葉家譜』など、比較的信頼できそうな三点から推測してみよう。

①『柳営婦女伝系』八（春日局之伝）

「利三武功絶倫たりといへども、一鉄取り立ざる事を深く恨みて立ち退く事都合三度あり、然れども一鉄種々に手を下すゆへ従属す、その後明智光秀が家臣と成りて彼手に属す」

利三が立ち退いた理由は稲葉家の処遇に不満があったということである。主家への不満から家来が退散するのは戦国期から織豊期には一般的にありうることであり、ある程度真相を物語っているかもしれない。

もっとも、立ち退いたのは「都度三度」とあり、利三がその後も稲葉家に帰参と退転をくりかえしたという。一鉄が再仕官先に手をまわして妨害したので、しかたなくそのたびに一鉄に帰参したということらしい。

なお、『美濃明細記』も右書とほぼ同様の趣旨である。「数々の軍功有りて、その恩無きにより立ち退きて光秀に仕ふ」とあり、処遇への不満が退散の理由である。また「始め利三稲葉家退去再三也」ともあって、立ち退いたことが二、三度あったとする。

②『永源師檀紀年録』

「同年（天正十年）、名和和泉（那波直治）と斎藤内蔵介（利三）はもと稲葉一鉄の重臣だったが、この両臣が一鉄斎に諫言したところ、かえって怒って勘当して追放した。その後、両士は東坂本に赴き、身を明智光秀に託した。屋形（細川藤孝）と光秀から一鉄に両士を許すよう何度も説いたが、一鉄は聴かなかった。両士もまた濃州を退くとき、再び帰らぬ覚悟だったと云って両家（藤孝と光秀）の勧めを断った。しかし、藤孝が巧みに名和を説いて一鉄に帰参させた」

これによれば、利三が一鉄のもとを辞したのは、一鉄に諫言したのにかえって激怒されて勘当されたのが理由である。またこのとき利三だけでなく那波直治もいっしょに辞している。その後、那波直治の稲葉家への帰参を取り計らったのは細川藤孝だったとする。那波直治の帰参については、すでに第二章でも取り上げた。

③『稲葉家譜』巻之三

元亀元年（一五七〇）、近江の守山一揆と戦い、一千二百余の首級をあげて信長から感状を与えられたことを述べたのち、「この時、良通の臣斎藤内蔵助利三故有りて稲葉家を去りて明智日向守光秀に仕ふ、光秀これに遇するに甚だ厚し」と記している。

同書は「故有りて」と記すのみで、利三が稲葉家を辞した理由がよくわからないが、守山合戦ののちの退去だから、やはり①と同様、武功に見合った処遇を受けていないことへの不満があったのだろうか。

以上を総合してみると、利三が稲葉家を辞した理由は、軍功のわりに厚遇されないことへの不満と諫言を斥けられたことの二つが考えられる。立ち退いた時期については、『稲葉家譜』が元亀元年とし、『永源師檀紀年録』は天正十年（一五八二）としている。後者は本能寺の変のあった年であり、いかにも遅すぎる。また、那波直治が稲葉家を立ち退いたのは第二章でもみてきたが、利三と同時期ではなく、あとのことだろう。

退去時期は利三が光秀に仕えた時期ともかかわっている。『春日局之伝』は元亀元年ごろとするが、同時に「都合三度」立ち退いたともあり、最終的に利三が光秀のところに落ち着いた時期とは断言できない。その時期がいつなのか、できうるかぎり一次史料で追ってみたい。

堺衆の津田宗及の『宗及自会記』で利三がはじめて登場するのは天正八年（一五八〇）閏三月二十四日夜の茶会で、「坂本衆　斎藤蔵助（ママ）、同　堀田助左衛門」とある。「坂本衆」とは光秀の家来という意味である。同じく『宗及他会記』にも同年九月二十一日、坂本で三宅弥平次（明智秀満）邸での口切の茶会（その年摘んだ茶の壺を開封する）に、「惟日（光秀）　宗及（津田）　明少（三沢秀次）　斎蔵（利三）」が参加している。光秀はじめ、明智家中の重臣が揃った茶会であり、利三の参加が確認できる。なお、「明少」とは明智少兵衛で、溝尾茂朝の名前でも知られる。

天正八年では遅い気がする。さらにどこまでさかのぼれるか調べたところ、『連歌合集四十二』の天正六年（一五七八）三月十日の百韻連歌に利三が光秀父子とともに参加していることがわかった。参加した連衆は十一人で、その内訳は准后の聖護院道澄をはじめ、連歌師の里村紹巴・同昌叱・猪苗代兼如・石井英怙・江村鶴松、細川家から藤孝と老臣の米田求政、そして明智家から光秀・光慶父子と利三が参加している。利三も七句詠んでいることから、形式的な参加ではなく、連歌の素養があったものと思われる。

管見のかぎり、一次史料で確認できるのは天正六年三月までだが、上限はもうすこしさかのぼれるのではないかと感触がある。『元親記』には、天正三年（一五七五）、光秀の執奏によって長宗我部元親の嫡子弥三郎に信長から「信」の一字を拝領したとある。その記事には「明智殿の御内斎藤内蔵助は元親卿の為には小舅なり」ともあり、この時点で利三がすでに光秀の「御内」だったことが推定されるからである。遅くとも同年には利三は光秀に仕えていたのではないだろうか。

斎藤・石谷・蜷川の三家

斎藤利三が光秀に仕えるようになってから、明智家中における親長宗我部勢力の中心に位置していたのはまちがいない。とくに利三と石谷・蜷川両氏との密接な関係がその基盤となっていた。

石谷氏は美濃源氏土岐氏の一流で、土岐石谷氏と複合名字でも呼ばれ、古くからの美濃国人だった。

古田憲司氏によれば、十四世紀末、足利義満のころに幕臣となり、その後、幕府奉公衆を代々つとめていた。

永禄八年（一五六五）、将軍義輝が暗殺されるまで、石谷兵部大輔光政は幕府奉公衆でも、より将軍に昵近（じっきん）する御小袖御番衆の一員であり、その養子孫九郎頼辰（のち兵部少輔）も同じく外様詰衆（とざまつめしゅう）だった。そして頼辰が利三の実兄であることはすでに述べた。光政はその後出家し、摂津入道空然と名乗っている。

『土佐物語』によれば、長宗我部元親が石谷光政の一女を娶るのは永禄六年（一五六三）のことである。まだ将軍義輝が健在であり、幕府奉公衆の娘との婚姻は長宗我部氏にとっても、足利将軍家との結びつきができるというメリットがあったと思われる。

この元親の正室が利三・頼辰兄弟の義妹にあたる。だから、二人は元親の義兄、小舅にあたるわけである。頼辰は将軍義輝暗殺ののち、一時牢人した。将軍義昭にも仕えておらず、そのまま光秀の家臣になったと思われる。その時期は特定できないが、弟の利三との縁を頼ったのかもしれない。頼辰の動向はその後ほとんど不明だが、天正十年正月、四国国分が持ち上がったとき、光秀の使者となって土佐に赴いて義弟の元親を説得している。もっとも、説得が不調に終わったことはすでに述べた。

一方、蜷川氏は室町幕府の政所執事の伊勢氏を補佐する政所代を代々つとめてきたことで知られる。政所とは将軍家の財政を司り、直轄領（料所）を管理する役職である。将軍義教のとき、八代親當（ちかまさ）がはじめて政所代となってから十二代親世までその職を世襲してきた。

しかし、親世の代、永禄六年（一五六三）に三好政権と対立した主筋の伊勢貞孝が討死し、同八年に将軍義輝が暗殺されると、蜷川家は政所代の職を失い、畿内での地位と所領を保てなくなった。親世は同十一年、失意のうちに出羽国村山郡で没し、その子親長は親戚にあたる元親正室の石谷氏を頼って土佐に下向し、元親の庇護を受けることになった。

蜷川氏もまた利三と縁が深い。利三の父、斎藤伊豆守の夫人が親世（はじめ親俊、のち道斎）の妹で、利三の生母でもある。また利三の妹（栄春）は親世の嫡男親長の夫人になっている。

親長は利三と石谷頼辰の従弟であり妹婿にもなるが、のちに道標と名乗る。土佐に下向してからは元親の同朋衆となり、元親から岡豊城下蓮如寺に所領を与えられた。『元親記』に「当所の宗匠は蜷川道標なり」とある。宗匠とは和歌・連歌などの師匠のことである。蜷川氏は親當が連歌中興の祖と呼ばれるほどの名手だったから、道標もその素養があったにちがいない（『遍歴の武家』）。道標は元親に京文化を手ほどきするとともに、元親に上方事情を教授する政治顧問でもあったと思われる。

『寛政譜』第十八や『蜷川家古文書』によると、道標の弟吉兵衛親三は斎藤伊豆守の養子になっている。つまり、利三の義弟になったわけである。親三は石谷頼辰の娘を夫人に迎えた。これらから、斎藤・石谷・蜷川の三家が明智と長宗我部の両家中にまたがって、複雑に絡み合った姻戚関係を築いていることがわかる。

ところで、蜷川氏のもとの所領は丹波国船井郡桐野河内にあり、蟠根寺(ばんこんじ)城を居城とした。『寛政譜』によれば、道標の代に所領を保てなくなったとされるが、一族はなお丹波に残っていた形跡がある。光秀が丹波国主になった天正八年（一五八〇）正月十三日、丹波の国人六人に対して当年春分の国役（十五日間の普請）を課しているが、六人のうちの一人が蜷川弥□（不明字あり、弥三郎か）という人物である（『信長文書』補遺二〇七号）。系譜は不明だが、蜷川一族が光秀の家来になっていることが確認できる。

次に、姻戚関係だけでなく、石谷・蜷川両氏が長宗我部氏と織田権力のあいだにあって実際にどのように動いたのか、すこしみてみたい。

蜷川道標は元親の同朋衆となったが、たびたび上洛して外交官的な役割を果たした。また天正五年（一五七七）、九州に下向していた前関白の近衛前久が帰京するとき、元親が警固船の手配などで前久のために奔走したことは第二章でもみた。

このとき、九州に同道して先に帰京した伊勢貞知に前久が宛てた書状によれば、前久は兵庫までの船待ちのあいだ、道標との会話で無聊(ぶりょう)を紛らわしていたらしく、「（道標と）昼夜雑談共申すべく候」と書いている。二人はともに永禄年間まで京都にいながら、その後、地方に長く在国したという共通点があったから、積もる話もあったにちがいない。

また、前久はその書状で入道となった石谷光政こと空然についてもふれている。貞知に宛てた書状で「その船（上京のための船）の事は元親が疎意なく馳走してくれた。まことに奇特で頼もしい次第、言葉に尽くしがたい。空然にも申し談じて、然るべく伝達することが肝要である」と述べている。

前久は貞知に元親の懇切な協力ぶりを空然（元親の義父にあたる）に伝えるよう命じている。空然に伝えれば、養嗣子の頼辰を通じて光秀の耳に入るのを予想していることにほかならない。空然は隠居してもなお、光秀や前久、ひいては信長のあいだにあって折衝役をつとめていたことがわかる。

さて、その空然だが、天正五年前後に紀州根来の智積院（ちしゃくいん）に在住しており、土佐にいる蜷川道標と連絡を取り合っていた形跡がある。そのことを朝倉慶景氏の研究から紹介する。

天正五年ごろ、土佐国幡多（はた）郡の真静寺の寺領問題が起きた。同寺は法華宗門流のひとつ、妙顕寺の末寺である。元親が同寺領をいったん没収し、のちに替地を与えることにしたが、寺側が承服せず、本山の妙顕寺に訴えて本領の返還を要求した。元親がその要求に応じて寺領を返還したのでいちおう決着した。

元親がこの問題について書状で根来の智積院円輪坊に謝意を表している。朝倉氏は智積院円輪坊が紀州根来にあったとし、当時、空然がそこに滞在していたとする。そうであれば、まことに興味深い。元親書状には次のように記されている。

「仍（よって）、御末寺真静寺の儀、二位法印（武井夕庵）・稲　勘（稲葉重通）任せ（分カ）被仰せ下さる旨、万端異儀（議）なく入魂を遂げ候、重ねて御懇意過分の至りに候、いよいよ疎略に存ずべからず候、御両所（夕庵・重通）へも此等の趣仰せ入れらるべく候」（「真静寺所蔵文書」）

これによれば、真静寺の寺領問題に信長側近の武井夕庵と稲葉重通が関与していたことがわかる。つまり、二人はこの訴訟沙汰の担当奉行だった。結局、この問題は妙顕寺が織田権力に訴え、その介入によって解決が図られたことを示している。

そして、元親は空然に対して過分の懇意を感謝するとともに、夕庵と重通にも謝意を述べてくれるよう依頼している。元親が感謝しているのは、空然が奉行の夕庵と重通に掛け合って長宗我部方の言い分を取り次いだからだと思われる。

空然もまた、この問題が解決したことを土佐の道標に書状で知らせているが、それによれば、道標が同年九月ごろまで上洛して、この問題の交渉にあたっていたようである。道標は元親の使者として織田権力側と折衝にあたるため、空然に協力を依頼したのだろう。

空然は利三の兄頼辰の養父であり、道標は利三の義弟にして従弟である。これまでみたように、斎藤・石谷・蜷川の三家は明智と長宗我部の両家中にまたがって濃密な親族・姻族関係を築いているだけでなく、両家中の利益のために政治的な役割を果たしていたことがわかった。この三家を通じて、両家中が相互扶助、相互依存の関係にあったわけである。

しかし、同九年（一五八一）以降、長宗我部氏と織田権力の関係は悪化の一途をたどった。それは明智家中が織田権力と長宗我部氏との狭間に立って股裂き（またさ）状態になったと同時に、三家が仲立ちして形成された両家中の連携も分裂・解体の危機に瀕したことを意味した。

翌十年（一五八二）五月、信長が発した四国国分令にどう対応するのか。長宗我部方の抗戦姿勢を前にして、明智家中にも動揺が広がったであろうことは想像に難くない。利三をリーダーとする斎藤・石谷・蜷川の三家はあくまでその結束を維持することを選択して、光秀の意思決定に影響力を行使したのではないか。『元親記』にある「斎藤内蔵助は四国の儀を気遣に存ずる」云々という一節はまさにそのことを指していると思う。

そして、謀叛が決行された六月二日は、堺・岸和田あたりに集結していた信孝軍団が阿波に渡海する前日でもあった。たんなる偶然の一致だろうか。ここにも、利三を中心とする明智家中の親長宗我部勢力の意向が反映しているという見方もできる。本能寺の変は信長打倒と同時に、長宗我部氏救援の目的も有していたのではないだろうか。

秀吉と元親をつなぐ利三の格別の地位

光秀の家老となってから本能寺の変までの利三の動向はよくわからない。利三本人の発給文書も管見のかぎり三点しかない。

そのうちの一点は、天正八年（一五八〇）七月、丹波国氷上郡の白毫寺の門前地下中に宛てた下知状で、「白毫寺へ還住の衆僧、当陣人足の儀、用捨（容赦）せしめ候畢、その意を成すべく候也」というものである（『兵庫県史』史料編・中世三）。同寺からの人足徴用をしないという趣旨の下知である。

前年の同七年八月九日、明智軍は長く苦しめられた同郡の黒井城を攻めて、城主赤井忠家らを降伏させた。光秀は黒井城を利三に預けた。光秀はこのとき、戦乱の荒廃で退散した周辺の住民に還住を命じている。白毫寺の僧侶もそうして帰郷していたのだろう。利三はその後も黒井城主をつとめ、氷上郡一帯を統治したという。春日局もこの年、同郡春日部荘で誕生したといわれている（『史跡黒井城跡』）。

この時期の利三について、注目されるのは羽柴秀吉との意外な接点であろう。同八年六月十九日、秀吉が長宗我部元親に宛てた「条々」と書かれた書状がある（『紀伊続風土記』第三輯）。十カ条からなる長文なので、第一条と十条を抄訳して紹介したい。

一、先書で申したように、三木では正月十七日に悉く首を刎ね、当国（播磨）の過半を申し付けたので、諸卒を休ませました。三月十日に江州北郡（長浜）に帰ったところ、三月二十日、毛利軍が美作西部に出てきて宇喜多方が難儀になっていると二十日に注進があったので、人馬の草臥れも省みず、江州から二十五日に先手勢を送り、拙者は二十七日に京都に馳せ上り昼夜の境もなく、閏三月二日、播磨に入り三木に着陣したこと。

（八カ条は略す）

一、因幡国中の城は右のように屋形（山名豊国）（因幡国守護）の居城である鳥取城のこと。一国一城に押し詰め、市場や山下の家などを残らず焼き払って、少し虎口を引き退けて陣取りし、二町、三町の距離をおいて付城を十五カ所申し付け、その間に堀を掘り、堀土をかけ、逆茂木（さかもぎ）や鹿垣（ししがき）を二重三重に結び、（鳥取城は）名城なので、右のように申し付けたところ、鳥でなくては通えないほど（厳重）で、何にしてもこちら次第であると種々心付けしたので、屋形の人質、そのほか右の城主の人質を鹿野（かの）城にて請け取ったうえに、重ねてまた請け取り、三郡を（屋形に）与え、残りは但馬の山名殿が右に落ち延びた「きさいち」の城へ入れ置きました。鬼ヶ城へは八木但馬守（豊信）を置きました。岩経城は但馬と因幡の境目なので、垣屋播磨守（光成）を置いて、因幡・但馬両国の知行割の置目を申し付けて明瞭になりましたので、去る十三日になって播州姫路に帰りました。委細は斎内蔵より申されるでしょう。已上（いじょう）。

羽柴藤吉郎
秀吉

（天正八年）六月十九日

長宗我部宮内少輔殿　参

秀吉が中国攻め、とくに播磨攻めや因幡攻めの様子を細かく元親に報告している。内容から天正八年（一五八〇）のものだと考えてまちがいない。第一条に「先書で申したように」とあるので、秀吉はこれ以前にも元親に書状を送ったことがわかる。

注目すべきは、第十条末尾の傍点部分「斎内蔵」である。これに該当するのは斎藤利三しか考えられない。秀吉の書状を利三が元親に取り次いでいるのはたいへん奇異にみえる。このことは同時に、秀吉が利三を介さなければ、元親と交際できなかったことを示しているのだろうか。

なお、この書状への元親返状が存在することはすでに紹介した（八〇ページ）。そこでも、利三が取次をつとめており、次のように記されている。

「無二の戦忠を抽(ぬき)んずべき覚悟まで連々存じ懸け候通り、斎藤内蔵助方まで申し登し候間、自然の時は貴意を得らるべく候」

元親は利三を通じて、秀吉に信長への「戦忠」を尽くす覚悟を伝えている。利三は元親と秀吉、ひいては元親と織田権力をつなぐ重要な役割を果たしていたことがわかる。

これまで、織田権力における長宗我部氏の取次は光秀だと述べてきたが、そうした取次ルートは複数あることが多く、必ずしも一人で独占しているわけではない。たとえば、関東の北条氏の取次は武井夕庵・滝川一益・佐久間信盛の三人がつとめていた。

長宗我部方でも取次が光秀だけでは不安だったのか、秀吉とも通じておこうとした形跡がある。『元親記』には、家老の久武親信が元親に「これまで信長卿へのご奏者は明智日向守殿一人に成されてきましたが、これからは是非ご分別なされて、（羽柴）筑前守殿へも仰せ通されて然るべきかと存じます」と建言したとある。

また『土佐軍記』にも「秀吉卿へは、内々に斎藤内蔵介(助)に元親頼み奉る由申されるにより（秀吉から）御書下されご入魂也」と書かれている。元親が利三を通じて秀吉とのあいだに交流関係を結んだとあり、利三が秀吉の取次だったことの傍証になっている。

それにしても、なぜ利三が秀吉と元親のあいだの取次になっているのだろうか。ひとつには、長宗我部氏と織田権力のあいだの取次を明智家中で排他的に独占しており、元親と信長の取次は光秀が、元親と秀吉（や信長家臣）の取次は利三がという具合に、取次における身分的な対応関係があると考えられる。元親と秀吉のあいだを織田家中での地位が高い光秀が取り次ぐわけにはいかなかったのだろう。

それでも、明智家中のなかで利三が取次をつとめているのは、利三が長宗我部氏と格別の縁故、姻戚関係を有したからだと考えられる。その緊密さが利三の役割を際立たせていたのである。そのような意味で、明智家中と長宗我部氏の取次関係は、親族・姻族関係によっても補完されており、ほかの大名との取次形態と異なり、特殊かつ緊密だったといえそうである。

もっとも、翌九年秋、秀吉は三好氏支援のため羽柴水軍を阿波に急派して、長宗我部方との対決姿勢を鮮明にした。これは信長の軍令に従った軍事行動だったが、長宗我部方からみたら、自分たちのために奔走してくれるものと期待していたのに裏切られたという気分だったにちがいない。

それはまた、両者の取次をつとめた利三にとっても同じで、利三自身も長宗我部氏とのあいだに築いてきた諸関係を捨て去るのかどうかの選択を迫られたことを意味した。そして利三はあくまでその関係を維持することにこだわったと考えられる。利三が光秀の謀叛に積極的に加担した理由のひとつはそこにあったのではないか。

2　利三と本能寺の変

信長に自刃を命じられた利三

利三が明智家中における親長宗我部勢力の代表であり、羽柴秀吉の取次もつとめるほどの地位にあったことをみてきたが、天正九年（一五八一）以降、信長と元親の関係が悪化するにつれて、利三の身辺にも暗雲が垂れ込めてきた。

それは、もとの主筋だった稲葉氏との訴訟問題である。すでに第二章で利三の同僚だった那波直治の稲葉家帰参問題を述べた。この問題は利三の身上にもかかわる重大な訴訟沙汰でもあったから、もうすこしくわしく検討してみたい。

天正十年（一五八二）五月二十七日、信長の側近である堀秀政は稲葉貞通（一鉄嫡男）と那波直治に宛てて、直治の稲葉家帰参が信長の上意によって裁許されたことを下達（かたつ）した。その前後のいきさつをすこし長いが、『稲葉家譜』から書き下してみよう。

是（こ）の年、那波和泉直治、一鉄の家を去りて明智日向守光秀に仕う。光秀厚くこれを遇し、以て家臣となす。一鉄大いに怒りて曰く、嚮（さき）に利三を招くのみならず（是より先、斎藤内蔵助利三、明智日向守光秀に従う）、今また和泉（直治）を招くと云て、乃（すなわ）ち、光秀とこれを信長公に訴（うつた）う。公、光秀に命じて和泉をして一鉄に返さしむ。而（しこう）して内蔵助をして自殺せしめんとす。時に猪子兵助（高就）、光秀がために執（と）り達（な）す、故に内蔵助死を免れて光秀に仕う、元の如し。然れども、信長公、光秀が法を背くを怒りて、以てこれを召し、譴責（けんせき）して手を自ら光秀の頭を打つもの二、三に至る、光秀が鬢髪（びんぱつ）少しきなる故に常に附髪（つけがみ）を用ゆ。この時これを打ち落とされ、光秀深くこれを銜（ふく）む。叛逆の原本はここに発起す。既にして和泉濃州に帰る。一鉄に仕えること元の如し。是の時、堀久太郎秀政、書を貞通に贈る。（後略）

大意は次のとおりである。

天正十年、那波直治が稲葉家を去って光秀に仕えた。稲葉一鉄がこれに怒って、光秀は前に斎藤利三を招いたばかりか、今度は直治まで招いたとして信長に訴えた。そこで、信長は光秀に命じて直治を一鉄に返還させた。そして信長は利三に自害を命じた。このとき、信長側近の猪子高就が光秀のためにとりなしたので、利三は助命されて元のように光秀に仕えた。しかし、信長は光秀が法に背いたのを怒って呼びつけると、譴責してみずから光秀の頭を二、三度叩いた。光秀は髪が薄かったのでいつも附髪を用いていたが、このときそれが打ち落とされたので、光秀は信長の仕打ちを深く恨んだ。謀叛の原因はここに起因する。すでに直治は美濃に帰り、一鉄に元のように仕えることになった。このとき、堀秀政が書状を貞通に送った――。

このくだりと同工異曲の逸話は典型的な俗書である『明智軍記』にもあるほどで、光秀謀叛の怨恨説のひとつにあげられたこともある。『稲葉家譜』もまた近世の編纂物であるため、同様に信頼するに足りない俗説だと斥けられてきた。とくに信長が光秀の頭を叩いたら附髪が落ちたという一節などは、いかにも見てきたような虚説とするか、あるいはリアリティは細部に宿るとみるか、評価が分かれるところではある。

しかし、同書中の堀秀政の書状写しは信頼できると評価しながら、それに関連する叙述は信頼できないとするのはいささか矛盾する態度である。那波直治が稲葉家を出て一時、光秀に仕えながら、信長の命で再び稲葉家に帰参したことは事実と認定できる。直治がその後、稲葉家の老臣として文書を発給していることからもそれは裏付けられる。したがって、右のくだりは多少の誇張や稲葉家に都合のよい解釈があることは否定できないにしても、大筋においては事実に近いと考えてよいのではないか。

そうであれば、斎藤利三の一件がいっそう真実味を帯びてくる。利三が直治より前に光秀に仕えたのは事実である。二人とも稲葉家を退去した点では変わらないのに、直治は帰参、利三は自刃と、なぜ信長の処分に軽重が生じたのだろうか。そこには、利三の行動がそれだけにとどまらず、信長の逆鱗（げきりん）にふれるような出来事がほかにもあったのではないかと疑わせる。

裁定が下ったのは変の四日前

次に、信長が光秀の直治引き抜きを「法を背く」ととらえ、また直治返還の理由を秀政書状で「筋目として」としている点である。このことは、織田家中に属するそれぞれの重臣の家中のあいだで、与力や家来が互いに寄親替えや主替えをする場合に、たとえば、当事者となった家中どうしの合意が必要とか、当事者間で訴訟沙汰となった場合には、上位権力者である信長の裁定に従うとか、ほかの戦国大名の分国法と同様に家中法度のようなルールが存在していたことをうかがわせる。織田家中のそうした家中統制の法規定をうかがわせる史料が現存しないものの、この一件は信長が定めた家臣団統制のルールに抵触した可能性がある。

この一件と関連するかどうかわからないが、利三にはほかにも信長の家臣団統制に抵触する可能性が高い出来事がある。柴田勝家の家来で柴田源左衛門尉勝定という人物がいる。勝家から名字と一字を与えられていること、勝家の取次や奉行、北ノ庄城の城代などをつとめていることから、柴田家中でも相当高い地位にあった。

勝定も事情は不明だが、勝家の家中から離れて光秀に仕えている。勝定は天正七年（一五七九）五月に北ノ庄城代をつとめているから、光秀に仕えたのはそれ以後である。光秀が丹波を拝領した時期に近いことから、所領がふえた光秀が多くの家臣を召し抱えた一例かもしれない。

また、勝定は利三とも非常に縁が深い。その夫人（先妻・後妻とも）は利三の娘である。先妻が他界したのち、さらにその妹（じえいいん）を娶っている（『蜷川家古文書』）。勝定が利三の女婿であることから、両者の関係の深さは十分察せられる。勝定の主替えにあたって、舅の利三が奔走した可能性は高いと思われる。

家来や与力が主人や寄親を変更するというのは、信長の家臣団統制にかかわる行為である。しかも、勝定ほどの重臣の主替えは勝家と光秀のあいだで合意が成立するか、信長の裁許がなければ不可能だと思われる。この一件が訴訟沙汰になったことを示す史料は現在のところ存在しないが、稲葉家との訴訟沙汰で利三がいったん死罪を命じられたことと無関係なのかという疑問も湧いてくる。

第三に、こうした家中統制の問題で、信長の側近である堀秀政が上意を奉じて解決にあたっていることである。この時期における信長の側近は二つの類型があるように思われる。ひとつは武井夕庵・楠長諳といった右筆・吏僚(りりょう)系側近、もうひとつは秀政のほか菅屋長頼・矢部家定・福富(ふくずみ)秀勝など馬廻系側近である。信長の晩年には後者の勢力が増大していた。先ほどみた稲葉重通(一鉄庶子)も馬廻系側近に属しているといえそうだ。

彼らの職掌(しょくしょう)分担は明らかではないが、家中統制に関しては彼ら側近衆の影響力が強かったと考えられる。たとえば、山城国高野にある山門領の蓮養坊を支配していた佐竹出羽守が延暦寺焼き討ち後、信長に従って光秀の麾下に入った。その佐竹がなんらかの理由で寄親の光秀の下から離脱しようとして、柴田勝家に訴え出ている。勝家は佐竹に次のように返信した(『岐阜県史』史料編・古代中世補遺)。

「明十(光秀)と懸組(かけぐみ)の儀、仰せ越され候、お心許なく候、尤も馳走申すべきと請け申し候へ共、此方(こなた)にて手遠に候間、不自由たるべく候、岐阜御そばに居られ候衆へ仰せ越さるるが尤もに候」

この書状の年次は元亀三年（一五七二）ごろの出来事だと思われる。このころ、勝家は京都奉行衆の一人として京都周辺の支配を担当していた。「懸組」とは「駆組」のことだと思われ、組み打ちになって戦う意味から転じて相論や訴訟も指した。つまり、佐竹は光秀とのあいだになんらかのトラブルを抱えていたのである。おそらく寄親・与力の指揮関係か知行問題ではないかと思われる。

佐竹の訴えに対して、勝家は「自分は信長のいる岐阜から離れていて力になれないから、信長の側近衆（「岐阜御そばに居られ候衆」）に相談するほうがよい」と答えている。勝家ほどの宿老でも、知り合いの国人が抱える訴訟沙汰には手出しできず、信長側近衆の発言力が強かったことを物語っている。元亀年間でさえそうだから、信長の専制化が強化された天正十年ではなおさらである。

最後に、この一件は天正十年の出来事であり、信長の裁定を伝えた堀秀政の二通の書状の日付はともに五月二十七日なので、本能寺の変のわずか四日前に決着した事件ということになる。当然、この一件が本能寺の変となんらかの関係があるのではないかという疑問が生じる。また同時に、信長が光秀を足蹴にしたというフロイスの記事と同一事件なのかどうかも十分検討を要する。

信長の裁定に対して、一度は死罪を命じられた利三が心中穏やかだったとは考えられず、光秀もまた直治の返還を納得できず、ともに偏頗（へんぱ）もしくは依怙（えこ）ではないかという不満をもったのかもしれない。信長の裁定が本能寺の変の四日前である点に留意すれば、利三と直治の問題を通じて、織田権力の家中統制、家臣団編成の矛盾が露呈したことが政変の政治的要因のひとつになったという推定も可能である。

本能寺の変での利三――『本城惣右衛門覚書』などから

利三が辛うじて助命されてから三日後、天正十年（一五八二）六月一日夜、『信長公記』によれば、光秀は丹波亀山城で、明智秀満・明智次右衛門・藤田伝五・斎藤利三といった宿老を集めた。ほかの史料によれば、これに溝尾少兵衛（三沢秀次）も加わっている。この五人が明智家中の首脳を構成していた。

その評定の場で、光秀は「信長を討果し、天下の主となるべき調儀を究め」ることを宣言した。利三を含む五人が賛同したのはいうまでもない。以後、利三がどのように行動したか、『川角太閤記』や『本城惣右衛門覚書』などからみてみよう。

明智軍が亀山を進発したのはまだ明るい酉の刻（午後六時ごろ）だった。明智軍は三段に分かれて行軍した。光秀が利三に「この人数何ほどあるべく候や」と問うと、利三が「内々ご人数のつもり一万三千は御座あるべし」と答えている。

明智軍が桂川を渡って丹波口（七条口）から洛中に入った。洛中の下京には五つの町組があり、その周囲は自衛のために堀や土塀が築かれていた。そして堀・土塀と交わる南北の通り筋には木戸門が設けてあった。七条から北上する場合、西洞院と室町の二つの通りに木戸門があった。

先手の大将だった利三は麾下に木戸門のことを含めて下知を発した。

「いつものように、（木戸門の）くぐり戸は開いているだろう。戸びらを押し開けよ。くぐり戸までは幟や指物がつっかえないように注意せよ。そのうえ、一度に人数を繰り入れれば、はかばかしくないので、町々の戸びらを押し開けよ。道一筋では通りきれないから、組々はそれぞれ思い思いに、本能寺の森、さいかちの木、竹藪を雲間から洩れる薄明かりを頼りに目当てにせよ」

利三は洛中での行軍が難しいのをよく承知しており、じつに具体的な指示を与えていたことがわかる。そうした利三勢のなかに、本城惣右衛門という侍が加わっていた。彼はのちに本能寺の変についての覚書を残し、期せずして大事件の参加者にして目撃者となったのである。

惣右衛門は上洛した徳川家康を討つための出陣だと思い込んでおり、本能寺がどこにあるかも知らない丹波の田舎武者だった。すると、惣右衛門は軍勢のなかから馬上の二騎が駆け抜けるのを目撃する。それは利三の一子とその小姓だった。惣右衛門らはそのあとから続いた。二騎は北のほうに駆け去り、惣右衛門らは本能寺の南の堀際から東に進み、惣右衛門は門の橋際にいた番兵一人を倒し、その首を取った。

そして、本能寺の南門とおぼしき門から境内に乱入した。ところが、門は開いていてネズミ一匹もいないのではないかというくらい静かで人影も見えない。北門から入った明智秀満の母衣衆がやってきて、取った首級は打ち捨てよと命じたので、惣右衛門は門外で取った首を本堂の床下に投げ入れた。

惣右衛門は庫裏のあたりで白い着物の女を一人捕らえた。女は「上様は白い着物を召されている」

と答えたが、そのときの惣右衛門は「上様」が信長だとはわからなかったという。惣右衛門はその女を利三に引き渡した。

本能寺を攻めたのが明智秀満と斎藤利三の手の者だったことはまちがいなく、利三が政変に積極的に関与していたことがうかがえる。

五山への銀子寄進

本能寺襲撃はわずかな時間で完了した。信長の遺骸は見つけられなかったものの、自刃に追い込んだのはまちがいなかった。また、妙覚寺から二条御所に入った三位中将信忠も奮戦した末に自刃して果てたので、織田権力の中枢は潰滅的打撃を蒙った。

その後の利三の動きだが、信長の居城である安土へ向かっている。明智軍の安土入城については、瀬田の唐橋が勢多(せた)城主の山岡景隆に焼かれたために、瀬田川の渡河に手間取ったとされる。安土入城日については四日説と五日説がある。

その前後、洛北の上賀茂社（賀茂別雷(わけいかずち)神社）が光秀に接近するために献金したことを示す史料がある。同社所蔵の『注進天正十年六月分乱入方職中算用状事』というもので、本能寺の変の混乱期での同社の支出入を詳細に記してある。そのなかに光秀のほか、利三や秀満の名前が出てくる。その支出部分（「遣方」）を原文書のまま抄録して掲げよう。

遣方(つかいかた)

金伏二日／壱斗二升　　御精進頭御祈禱料
同日／二百文　　井上殿へ樽銭
三日／壱貫文　　明智日向殿（光秀）へ
同日／二百文　　同奏者へ
金伏四日／壱斗九升二合　　卅文宛（づつ）せた（瀬田）まて
おくり（送）衆五人分よひ（呼び）あした（明日）
／壱貫文　安土まて　　弥平二殿（明智秀満）へ
金伏／弐斗四升　　坂本へ両雑掌
金伏同日／一斗三升二合、代百十文　　出立十一人、役者迄以□（不明）
安土へ
六日／一貫文　　内蔵助（斎藤利三）方へ
同日／二百文　　同奏者へ

上賀茂社は政変の勝利者となった明智方に対して、さっそく翌三日から昵懇の使者を安土などに送っている。その内訳は、光秀をはじめ家老の秀満・利三の三人にそれぞれ銭一貫文、その奏者にもそれぞれ二百文を献金している。光秀の家老のなかでも、秀満と並んで利三の地位が高いことがうかがえる。なお、「金伏（かなふせ）」とは中世の枡の一つで、口縁に鉄板を打ちつけたもの。

上賀茂社が光秀に献金したのは、新たに京周辺の支配者となった光秀から禁制を発給してもらう目的があったからである。禁制は時の支配者が受給対象者への治安維持や安全保障を約束する文書である。同社は希望どおり、七日付で光秀の名による禁制を受給することに成功している（『賀茂別雷神社文書』第一）。

もっとも、上賀茂社は明智方だけでなく反明智方にも接近し献金している。右の算用状によれば、六日、羽柴秀吉・三七信孝・丹羽長秀・池田恒興・堀秀政にそれぞれ一貫文ずつ献金している記録が残っている。二股をかけておけば、どちらが勝利者になっても安全という、同社のしたたかさが感じられる。

さて、利三は安土入城後、羽柴秀吉の居城である長浜城を攻略し、光秀の命でその守将となり、江北や美濃に睨みをきかせた。配下には京極高次や阿閉貞征・貞大父子（近江山本山城主）ら、江北の国衆がいた。

これにより、明智方は瀬田から安土—佐和山—長浜の線を中心に近江の湖東地域をほぼ占領することに成功した。近江での抵抗勢力はほとんど蒲生賢秀・賦秀父子（日野城主）だけになった。

しかし、近江平定が半ばのうちに明智軍は反転して京都へ向かった。早くも羽柴秀吉が西上中という急報がもたらされ、その対応に迫られたからだと思われる。六月八日、明智軍が安土を進発し、翌九日、光秀も入洛した。

九日、光秀は禁裏の正親町天皇と誠仁親王に銀子（ぎんす）五百枚献上した。同時に光秀は京都五山と大徳寺・妙心寺にも銀子百枚ずつを寄進した。『日本年報』によれば、これは信長父子の供養料という名目だった。

この五山への銀子寄進については、利三が差配した形跡があり、五山宛ての利三の下知状（八日付）が残っている。下知状中に銀子云々の文字はないが、その要件が含まれていたと思われる（『日本書蹟大鑑』第十一巻）。

明日九日辰刻に御使僧お越しあるべく候、申し渡すべき事候、

南禅寺
天龍寺
相国寺
建仁寺
東福寺

光秀屋敷へ御出（おいで）あるべく候也、

斎藤内蔵助
（天正十年）六月八日　利三（花押）

御役者中

なお、六月九日付で大徳寺に宛てた光秀の禁制があることから、同寺と妙心寺は五山とは別に召し出されて受給したと思われる。両寺にも銀子百枚ずつ寄進していることから、利三は五山と両寺に銀子寄進と禁制発給を執り行ったのだろう。政変後の京都支配のなかで、利三が寺社対策も担当したことがわかる。

この下知状で注目されるのは「光秀屋敷」のことである。五山の使僧が来訪するわけだから、洛中にあったと考えられる。洛中にはほかにも井上某という光秀家臣の屋敷もあった（『晴豊公記』）。これらの屋敷が情報収集の拠点となり、本能寺の変決行のさいも信長周辺情報を収集するのに貢献したのではないかと思われる。

山崎での野戦を諫めていた利三の最期

九日夕方、光秀は出陣して下鳥羽に陣取した。利三も同行した。下鳥羽には鳥羽街道があり、そのまま南下すれば、淀や洞ヶ峠（ほらがとうげ）を経由して河内に出る。途中に洞ヶ峠があることから、明智軍はここで組下である大和の筒井順慶と合流しようとしていたのではないか。そのうえで河内平定や大坂進出をめざしていたかもしれない。

しかし、羽柴秀吉の西上はすばやく、この日のうちに播磨明石を過ぎ、兵庫にいたっていた。光秀はこれに備えるために転進を余儀なくされる。大山崎から摂津に向かう西国街道方面に向かい、淀城に入って普請を始めたのである。

運命の山崎合戦の直前のいきさつとして、小瀬甫庵の『太閤記』に興味深い逸話が載っている。それによれば、利三はそのまま洞ヶ峠に滞陣していた。羽柴勢の着到を知るや、十二日朝、光秀に急使を送ったところ、次のようなやりとりがあった。

「(利三が)明日の合戦はまず延期して、坂本城に入られたほうがよろしいと諫言した。光秀が立腹して、予のような大利を得た大将には、いかなる天魔破旬(波)も向かってこられない。安心して明日は払(ふつ)暁(ぎょう)にそちらを発ち、こちらへ来いと堅く言い含めて使者を帰した」

利三は野戦を避けて坂本籠城を進言したが、光秀が聴かなかったという。利三が洞ヶ峠に残ったのは筒井方の去就が不明なのでそれに備えるためだった。ほかにも安土に近江の押さえとして明智秀満を残している。このように背後に気をとられて、光秀の両翼ともいえる両将が主戦場に不在という戦況で野戦での決戦は不利だから守りを固めるべきだと、利三は判断したのである。

十三日、決戦の日、利三は女婿の柴田勝定とともに近江国衆を従えて総勢五千で、明智軍の先手として西国街道沿いの山崎表に布陣した。しかし、武運拙(つたな)く敗走のやむなきにいたる。光秀も山科あたり(小栗栖(おぐるす)という)で無惨な横死を遂げた。

甫庵は「斎藤内蔵助が諫に任せ、今日の合戦を止め、坂本に入りて籠城し侍らば、事の外むづかしく有るべし」と述べ、光秀が判断を誤ったと評している。

敗残の利三は戦場を離脱して、近江滋賀郡の堅田に潜んだ。『豊鑑』によれば、「かた田の井貝」を頼ったという。「井貝」とは光秀の重臣の一人、猪飼野昇貞・秀貞父子である。とくに秀貞は光秀から明智名字と一字を拝領しているほど信任されていた。

しかし、ほどなく利三は捕縛される。『兼見』に「片（堅）田に於いて伊加伊半左衛門（猪飼野秀貞）搦め取る云々」とあり、同輩の秀貞に捕まったことになる。秀貞は利三捕縛という手柄が認められたのか、光秀に一味した罪を許され、のちに丹羽長秀に仕えた。

十七日、捕縛された利三は洛中を車で引きまわされたうえ、六条河原で処刑された。享年四十九という。『宗及他会記』によれば「車さた」（洛中引き回し）のうえ、処刑されたという。秀吉や信孝の利三に対する格別の憎悪が感じられる。やはり利三が「今度謀叛随一」（『言経』）といわれたように政変の首謀者ゆえだったのだろうか。

興味深いのは、利三の最期を記した「惟任謀反記」の叙述である。

「惜しいかな、利三、平生嗜むところ、啻に武芸のみに非ず、外には五常（仁智礼義信）を専らにして、朋友と会し、内には花月を翫び、詩歌を学ぶ。今何すれぞ、此の難に逢はんや。遺恨もっとも深し」

同書の筆者は秀吉の御伽衆の大村由己である。秀吉寄りの軍記作者さえ、このように利三の最期を悼んでいるのだから、平生から利三は文武兼ね備えた武将として広く知られていたものと思われる。

その後、利三と光秀の首級と遺骸は接合されたうえで粟田口で磔に架けられ、二十二日、首塚が築かれて埋められたという(『兼見』『言経』)。利三が光秀と同等に扱われているところに、本能寺の変における利三の役割がおのずと明らかになっているといえよう。

第五章　「不慮謀叛」ついに決行さる

1　政変前夜の出来事について

愛宕百韻の解釈をめぐって

前章でみたように、稲葉家と明智家の訴訟沙汰が信長の裁定により決着し、那波直治の稲葉家帰参が決まった。堀秀政がそのことを稲葉家と直治に通達したのが天正十年（一五八二）五月二十七日である。この月は小の月で、二十九日までしかない。だから、本能寺の変のわずか四日前の出来事だった。何度も述べたように、この一件が本能寺の変とまったく無関係だったとは考えにくい。

光秀は五月十七日、安土で信長から徳川家康接待役を御免となり、組下の細川忠興や摂津衆の池田恒興らとともに中国出陣の先陣を命じられ、この日、坂本城に帰った。二十六日、光秀は出陣支度をととのえて坂本を発し、丹波亀山城に入った。亀山城も光秀の居城である。光秀はここで丹波衆の着到を待って出陣する手はずだった。

二十七日、光秀は嫡男光慶とわずかな供とともに愛宕山に参詣した。京都の西北、丹波との国境に聳える愛宕山は神仏習合の愛宕権現があり、その本地仏は勝軍地蔵で軍神として知られていた。光秀はそこで二、三度鬮取りをした。いわゆる戦勝祈願の一種であろう。その夜、光秀は一宿して参籠した。愛宕山には五坊があり、そのなかに西坊威徳院がある。光秀はかつてそこに二百石寄進したことがあり、その住持である行祐法印と親しかったから、宿泊したのだろう。

翌二十八日、有名な愛宕百韻が催された。これも光秀の出陣にともなう戦勝祈願の一種とみられる。行祐法印も連衆の一人に加わっていることから、百韻の場所は西坊威徳院であろう。連衆には宗匠の里村紹巴、その一門の昌叱・心前、同じく連歌師の猪苗代兼如などがいた。

ときは今天が下しる五月哉

主賓である光秀が詠んだ発句（百韻の始まりの句）はあまりにも有名である。「とき」は土岐、「天が下」は天下、「しる」は知る（統治する）という寓意で解釈され、光秀が天下取りの決意を暗示した句だとされている。

右のような解釈が正しいのかどうかはわからない。連歌は元来、多義的で多様な解釈を許容する詩歌文学である。光秀の発句に対する右のような解釈も、あくまで後世のわれわれが本能寺の変という動かしがたい事実を知っており、その事実から逆規定された一種の主観的産物であることも銘記しておくべきだろう。

新発見の光秀書状

愛宕百韻にはたして光秀謀叛の意図がこめられているのだろうか。そうだと断定するのをいささか躊躇したくなるのも、じつは光秀が愛宕百韻の当日、山陰の国人に宛てた書状があるからである。「福屋金吾旧記文書」（『阿波国古文書』三）に収録された写しで、これまでまったく知られていなかった史料である。全文を原文のまま紹介する。

猶以去春歟（か）、山（山田喜兵衛）喜 迄御内状毎事御気遣歓悦候、
其以来、不能音問（おんもん）候、依遼遠互不任心底所存之外
ニ候、抑（そもそも）山陰道出勢之義被仰出付、於其面可有御入魂之
由、誠以祝着候、南（南条元続）勘 御内證之通、是又御懇意満
足之旨能々申入度候、随而（したがいて）、山陽道毛利（輝元）・吉川（元春）・小早川（隆景）於
出、羽（羽柴秀吉）藤 対陣之由候間、此度之義ハ、先至彼面（かのおもて）可相動
之旨上意ニ候、着陣之上、様子見合、令変化、伯（伯耆国）州へ可
発向候、至其期別而御馳走所希候、猶以、去年以来、
其許御在城、貴所御粉骨、南勘両度之御働、彼是
以、御忠節無浅所候、委曲山田喜兵衛（尉カ）自 可有演□（説カ）候、
恐々謹言、
（天正十年）五月廿八日　惟任日向守

猶以去廿九日山崎表之御内状無御等閑之段致拝見候

其節不能音信候然者備中御心遣所存之外

之様山陽道出張之義何も相聞候御入魂之

由誠以被存候南勤御相談之通返答御懇意

是又無御油断御手合山陽道毛利表小早川取

出候様対陣之処曾出勢之義ハ是非申候而可罷

之由候之着陣之上我等又令参池田州[illegible]

無異其表へ御出馬之所存之段以書状申来

其許御在城之所御移[illegible]御陣勤[illegible]之御動御座候

以御意[illegible]筆申候尚自是可得御意候

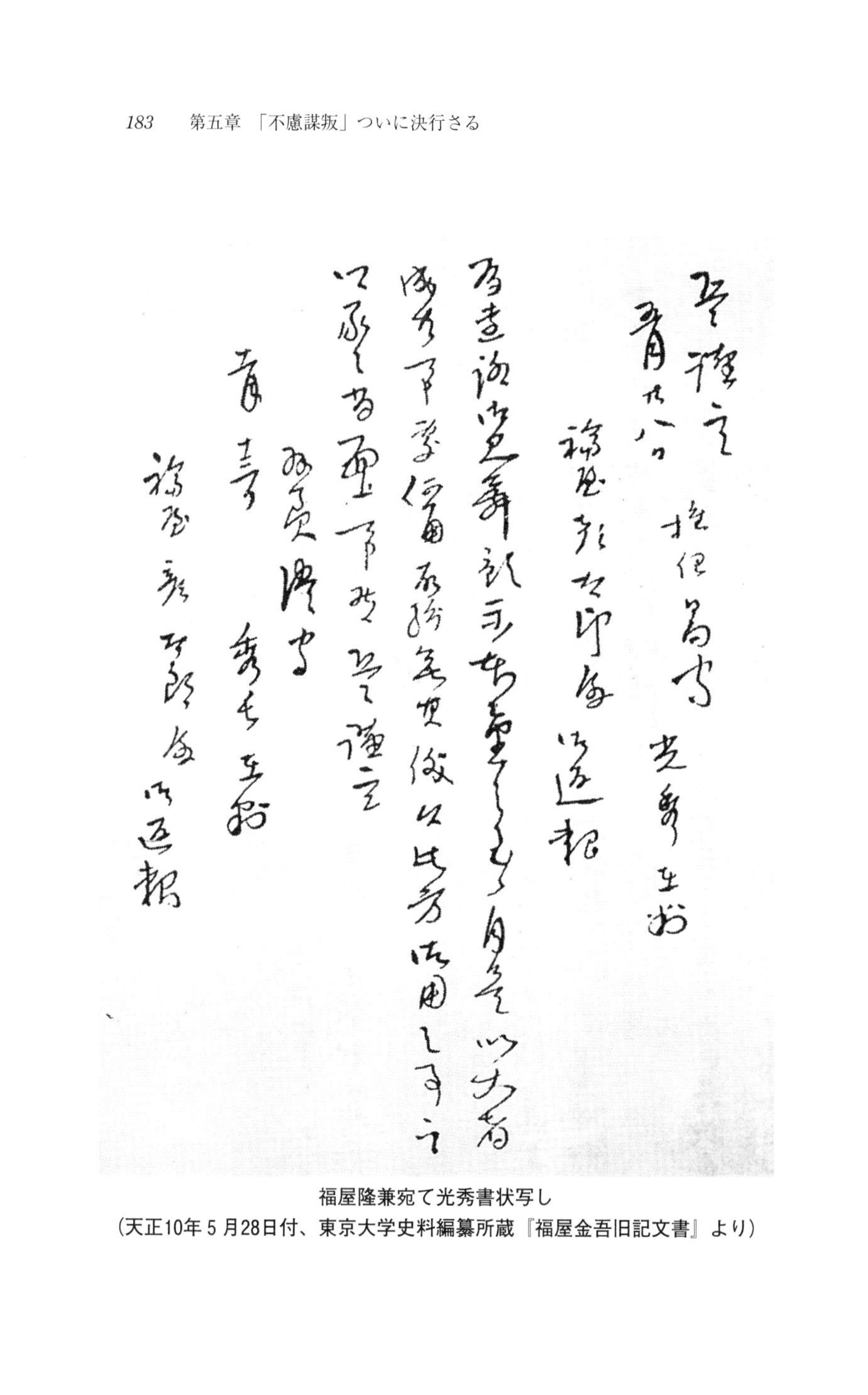

福屋隆兼宛て光秀書状写し
（天正10年５月28日付、東京大学史料編纂所蔵『福屋金吾旧記文書』より）

光秀（在判）

福屋彦太郎（隆兼）殿

御返報

大意をとってみよう。

（追伸）なお去年の春だったか、（家来の）山田喜兵衛まで御内状をいただき、いつもお気遣いいただき歓悦しています。

それ以来、便りができませんでした。遠く離れているので思うようにまかせず残念です。さて、（信長が）山陰道に出陣するように仰せになったことについて、その方面でご入魂になれたら、まことに喜ばしく思います。南条元続が内々にお示しのとおり、これまたご懇意にされている様子、（私も）満足している旨よくよく（南条に）申し入れたいと思います。したがって、山陽道に毛利輝元・吉川元春・小早川隆景が出陣するところとなり、羽柴秀吉と対陣しているので、今度の儀（出陣）はまず、その方面（備中）でつとめるようにとの上意です。（備中に）着陣のうえ、様子を見て（方向を）変え、伯耆国（ほうきのくに）へ発向するつもりです。そのときは格別に馳走されるよう望んでいます。なお、去年以来、そちら（伯耆国）にご在城され、あなたのご粉骨、そして南条元続の二度のお働きは、ともかくご忠節が浅からぬところです。くわしくは山田喜兵衛（尉）に申し述べさせます――。

まず、この書状の年次はいつだろうか。「南勘」こと南条勘兵衛元続とその一党が天正九年（一五八一）十月、伯耆の羽衣石（うえし）・岩倉両城に籠ったところを吉川勢に包囲されたので、羽柴秀吉が蜂須賀正勝らに命じて兵粮を入れさせた記事が『信長公記』などにみえる。右の光秀書状に「去年以来、其許御在城」とあるのは、このときの出来事を指しており、福屋彦太郎も元続とともに籠城していたとみてよい。また光秀が羽柴秀吉の加勢のため備中まで出陣することや、毛利両川（りょうせん）が揃って山陽道に出陣してきたのは天正十年しかありえない。

したがって、この書状は本能寺の変の三日前、まさに愛宕百韻当日に書かれたものである。書いた場所は愛宕山の西坊威徳院か、下山したのちの亀山城のどちらかであろう。また内容から推察して、福屋彦太郎からの伯耆来援要請への返信として書かれたと思われる。では、宛所の福屋彦太郎という人物は何者だろうか。

福屋氏は石見国邑智（おおち）郡の国人で、本明（ほんみよう）城主だった。彦太郎は実名を隆兼といい、尼子氏と毛利氏という中国の大勢力の狭間にあり、はじめ毛利氏に、ついで尼子氏に属している。永禄四年（一五六一）十一月、隆兼は所領の不満から吉川経安（きっかわつねやす）を攻めた。そのため、翌五年に毛利の大軍に攻められ、尼子方に身を寄せて再起しようとしたが、尼子義久が毛利方との和睦を望んでいたので、しかたなく松永久秀を頼って落ち延びたという（『出雲尼子一族』新装版）。

ところで、豊臣政権になってから、福屋隆兼が蜂須賀家政の家来になった関係から、『蜂須賀家家臣成立書並系図』にその家譜が収録されている。隆兼宛ての光秀書状が『阿波国古文書』という意外な史料に収録されていたのも、隆兼が阿波蜂須賀家に仕えたためである。

右系図によれば、福屋隆兼の父は立原源太兵衛尉久綱といい、もともと本氏は福屋だったが、尼子義久から立原名字を与えられたとする。立原久綱は兄幸隆（中老）とともに尼子氏の奉行人であり、山中鹿介（しかのすけ）幸盛とともに尼子氏再興の兵を挙げたことでもよく知られている。だから、石見の国人である隆兼が尼子氏譜代家臣の久綱の子だとは考えられない。右系図には一部粉飾がある。諸書にあるように、隆兼は久綱の女婿というのが正しいだろう。なお、山中幸盛は久綱の甥にあたるから、隆兼も義理ながら、幸盛とは従兄弟どうしということになる。

ともあれ、蜂須賀家政が阿波に入部すると、隆兼は召し出されて知行五百石を与えられ、里村太郎左衛門隆兼と名乗ったという。そして、信長時代の隆兼の動きについて、右系図には「初名福屋彦太郎隆兼と申し候節、信長公え仕え、石州（ママ）羽衣石の城に居り申し候節は秀吉公旗下（きか）に罷り在り候、信長公生害の後は播州龍野郷え引き籠り罷り在り候」とある。

これによれば、松永久秀を頼ったとされる隆兼がそののち、信長に仕えて秀吉の麾下として伯耆羽衣石城にいたというから、右の光秀書状に隆兼と南条元続が昵懇の間柄だったとあるのと符合する。隆兼は前年の天正九年から羽衣石城にあって、南条元続とともに毛利方と対峙していたのであろう。

さらに隆兼の動きをもうすこしくわしく追ってみると、松永久秀を頼って落ち延びたあとも、反毛利の立場で動いている形跡がある。永禄十二年（一五六九）六月、山中幸盛・立原久綱らが尼子勝久を擁して軍船で出雲に乗り込み、尼子氏旧領回復の兵を挙げた。この時期、毛利氏は北九州で大友宗麟と対戦しており、山中・立原らの挙兵はその間隙を衝（つ）いたものだった。

吉川元春の家臣が書いた『森脇覚書』の同年七月ごろの記事に「石州福や（屋）へは、隆包（隆兼）入らるの由候」とあり、隆兼が旧領回復のために石見に入ろうとしていた。これも舅の立原らと示し合わせた行動であろう。

隆兼の石見入部は実現しなかったか、失敗に終わったと思われる。また尼子一党の挙兵もいったん挫折した。その後、山中・立原らが信長を頼ったことはよく知られている。それについて、毛利家の興亡史を描いた『安西軍策』五に次のような記事がある。

「山中鹿助（幸盛）・立原源太兵衛（久綱）、惟任日向守を頼み、信長へ罷り出、中国御発向候ば、御先を承り御道（みち）知（しる）べ仕り候わん、出雲は尼子本国にて候、勝久に給いたくと望みければ、則ち領掌（了承）したまい、山陰道は惟任日向守を先陣と定ぬ（む）る間、渠（かれ）が手に属し、忠義を抽（ぬき）んずべしと宣（のたま）いとぞ聞こえし」

これによれば、隆兼の舅である立原久綱は山中幸盛とともに、光秀を通じて信長に従っている。そして、光秀が山陰道から毛利領を攻めるときは、立原・山中らが道案内することになっていたという。隆兼もこのとき、舅とともに光秀の知遇を得たのではないか。右の光秀書状が隆兼と旧知の間柄であることをうかがわせるのはこのときの縁があったからだろう。

なお山中幸盛は、天正三、四年に光秀に仕えて丹波攻めに従軍し、八木城や籾井(もみい)城攻撃に参加している(「渡邊助充覚書」)。隆兼も加わっている可能性がある。

もっとも、その後、光秀は丹波攻めに時間をとられ、山陰道からの侵攻は実現しなかった。そのためか、山中・立原ら尼子旧臣たちは天正五年、秀吉に従うことになり、播磨上月(こうづき)城を守った。隆兼もそのころから秀吉に従い、山陰の伯耆国で戦っていたと思われる。

三日前でも挙兵は決断できていなかった

隆兼宛ての光秀書状はその内容についても興味深い。まず注目されるのは、光秀が信長から「山陰道出勢」を命じられていることである。

この点については、軍記物でもすでにふれられてはいた。たとえば、『川角太閤記』には「日向(光秀)事、但馬より因幡え入り、彼の国より毛利輝元分国伯州・雲州え成る程乱入申すべきものなり」とある。信長が光秀に与えた軍令が山陰道侵攻ではあるものの、そのルートを但馬→因幡→伯耆・出雲としている。

一方、光秀書状ではルートが異なっており、まず山陽道を進み、備中→伯耆の順となっている。備中表には毛利・吉川・小早川の三人が勢揃いしているから、このルートのほうが主戦場への兵力集中という観点からも合理的である。いずれにせよ、光秀が信長から山陰道平定を命じられたことを本人の書状で確認できたことは重要である。

　そしていちばんの問題は、この光秀書状を本能寺の変との関連でどのように位置づけるかということである。政変の三日前の書状なので、光秀の政変直前の心境の一端がよく示されている重要な史料だといってよい。この書状を読むと、政変三日前にもかかわらず、それを匂わすような言葉はいっさいなく、いたってふつうの内容である。

　光秀がこの書状を書いた目的・思惑については、すでに謀叛を決意していたから、なにより秘図をカムフラージュする必要があったという見方がまず想起されそうだ。しかし、そうした見方に対しては、伯耆という遠国の国人にカムフラージュしてまでいかなる効果や役割を期待するのかという反論がただちに可能である。さほど急用とも思えない内容だから、カムフラージュする手間をかけるくらいなら、書状を書かなければよい。

　書かないほうがましなのにもかかわらず、あえて書いたのは、光秀が中国に出陣するつもりでいたからだと考えるしかない。だから、書状の内容はカムフラージュでもなんでもなく、少なくともこの日の光秀の心情を率直に表現しているとみるべきだろう。

　つまり、光秀は謀叛のわずか三日前でも、まだ謀叛を最終的に決断していなかったのである。あるいは決断できていなかったといったほうが正確かもしれない。たとえ叛意を抱いていたとしても、挙兵をいつ、どこで、どのようなかたちにするのか、まだ具体的に考えていなかったのではないだろうか。

そのように考えてくると、光秀が謀叛を最終的に決断したのはいつで、その直接的な契機はなんだったのかという疑問が生じる。それは信長の出方次第だったというしかない。天下人を打倒するには、隙や油断を衝くしか方法がないからである。

翌二十九日、信長がわずかな供廻とともに上洛して本能寺に入る。いたって平凡な結論だが、光秀が謀叛に踏み切ったのは、入京した信長の警固が手薄だとわかったからだろう。『日本年報』上にも「彼（光秀）は信長ならびに世子が共に都に在り、兵を多く随（したが）へてゐないのを見て、これを殺す好機会と考へ、その計画を実行せんと決心した」とあるのもその傍証となる。

光秀は六月九日に細川父子に宛てた書状で、謀叛のことを「我等不慮の儀存じ立て候事」（私が不意に思い立ちましたこと）と表現しているように、光秀にとっても、謀叛は性急な決断だったのである。だから、この新発見の光秀書状は謀叛直前の光秀の心情に迫れる貴重な史料だといえよう。

なお、光秀の中国出陣について、藤田達生氏が『惟任謀反記』を根拠に、光秀が将軍足利義昭を奉じたという説を公表している。同書「惟任（光秀）、公儀を奉じて、二万余騎の人数を揃へ、備中に下らずして、密（ひそか）に謀反を工（たく）む」という一節にある「公儀」が一般的に将軍義昭の呼称だったというのである。同書ではまた、信長のことを一貫して「将軍」と呼んでいることから、「公儀」は信長を意味しないという理由をあげている。なお、この場合の「将軍」は征夷大将軍ではなく、武家政権の長というほどの意味である。

同書は秀吉の御伽衆、大村由己が秀吉顕彰のために著述した伝記である。藤田説にはうなずけない。同書で「将軍」が明らかに信長を指す以上、「将軍」と対語をなす「公儀」も、信長もしくは織田権力にかかわると解するのが自然である。

朝尾直弘氏も指摘しているように、信長もしくは織田権力を「公儀」と呼んだ事例は天正七年以降、信長家臣団を中心に何例もあるし、秀吉自身も毛利氏との和睦のとき、毛利方に宛てた起請文で信長を「公議」（＝公儀）と呼んでいる。そして同書の場合、「将軍」は信長本人、「公儀」は信長の意向・決定（もしくは織田権力）というかたちで使い分けられている。藤田説はその使い分けを混同している。当該箇所も信長の決定を奉じたと解釈すれば、なんの矛盾も生じない。

それに、『惟任謀反記』は大村由己が著した『天正記』の現存する八巻のうちの一巻である点も忘れてはならない。由己が筆者である以上、ほかの七巻も同一の歴史観が貫かれているとみなければならない。

藤田説では指摘されていないが、『天正記』の最終巻である『小田原御陣』にも「将軍」と「公儀」が出てくる。「将軍」は秀吉を指している。では「公儀」はどうか。北条氏が秀吉の命に従わなかったことを、由己は「然るところ、幾程もなくして讒訴を構へ、公儀を背き奉り、暴悪の至り」と述べている。由己は「公儀」を明らかに豊臣政権の意味で使っており、義昭でないことは自明である。

由己は『天正記』で織豊政権の展開過程を叙述するにあたって、「将軍」が信長→秀吉、「公儀」が織田権力→豊臣政権というかたちで継承されたと考えたのである。ところが、藤田説に従えば、「将軍」が信長から秀吉に継承されたのに、「公儀」は義昭から秀吉に継承されるというおかしな話になってしまう。天正十年の時点で、義昭を「公儀」と呼べば、信長を継承した豊臣政権の正統性にもかかわる由々しきことで、伝記作者としては致命的な過失になる。

以上から、『惟任謀反記』の「公儀」も織田権力(もしくは信長の意向・決定)を意味しており、藤田説のような解釈が成立しないことは明らかである。

天正十年作暦問題

五月二十九日、信長は折からの雨のなか、安土を発って上洛する。自身の最後の上洛となることを知らずに。

その日のうちに信長は洛中の四条坊門通西洞院にある本能寺に入った。翌六月一日、信長の一年三カ月ぶりの上洛を知った公家衆が次々と本能寺に群参した。『言経』によれば、太政大臣の近衛前久はじめ摂家・門跡(もんぜき)から清華(せいが)以下の堂上(とうしょう)公家がじつに四十人も押しかけた。天下人の威光はかくも盛大であった。

これら公家衆のうち、権大納言の甘露寺経元(かんろじつねもと)と権中納言の勧修寺晴豊が正親町天皇の勅使と誠仁親王の親王使として訪れている。二人はともに武家伝奏(てんそう)(天皇と武家のあいだの取次役)だった。『晴豊』

には、信長が公家衆のあいだで交わした談話がいくつか書かれている。武田攻めの話をしたり、西国には配下の軍勢が四日に出陣する予定で、戦いはたいした造作もなく完了するだろうと述べている。

とくに注目されるのは、信長が当年、つまり天正十年の閏月問題を話題にしたことである。『晴豊』には次のように記されている。

> 十二月閏の事申し出、閏あるべきの由申され候、いわれざる事也、これ信長むり(無理)なる事に候、各(おのおの)申す事也、

信長が当年十二月に閏月を入れるべきだと告げたので、晴豊など公家衆が、筋が通らない、信長の言い分は無理であると、おのおの語り合ったというのである。

じつは信長がこの問題を提起したのはこれがはじめてではなく、この年正月下旬にすでに持ち上がり、議論の末、いちおう決着していたから、今回信長が蒸し返したことになる。そのいきさつを『晴豊』『兼見』をもとに簡単にふりかえってみよう。

まず一月二十九日、信長が安土で当年十二月に閏月を入れるべきだと語ったことが朝廷に伝えられた。信長は同月十五日に安土で左義長(さぎちょう)と馬揃えを興行し、それに近衛前久と陰陽頭(おんようのかみ)・天文博士の土(つち)御門久脩(みかどひさなが)が加わっていたことから、そのどちらかからもたらされた情報だったと思われる。

当時、暦道を家職のひとつとしていた土御門家が造暦して朝廷に献上する宣明暦(せんみょう)(京暦ともいう)では、翌十一年正月の次に閏月を入れていたが、東国で流通している三島暦などでは当年十二月の次

に閏月を入れていた。つまり、宣明暦の閏月が一カ月遅いことになる。

　では、閏月の設定がなぜこれほどの政治問題になるかといえば、ひとつは作暦権を管轄しているのが朝廷（実際の作暦は暦道を家職とする土御門家や賀茂家）だったこととかかわるからである。

　作暦権は官位叙任権・年号制定権とともに、この時代、数少ない天皇大権のひとつだとされていた。しかし、官位叙任権も年号制定権も現実には武家の意向を無視しては機能しないのが実情だった。たとえば、この時期の天正という年号にしても、室町幕府から織田権力への政権交替を示すために信長の要求により改元されたものである。そして作暦権についても、信長の介入という同様の事態が現出したわけである。事は朝廷が管轄する宣明暦の正確性、正統性にかかわっていた。

　二月三日、安土から近衛前久と土御門久脩が帰京してきたので、いきさつが判明した。信長が安土に久脩と賀茂在昌（あきまさ）を呼び、「濃尾の暦者」と当年閏月問題をめぐって対決させた。濃尾の暦者は当年十二月に閏月を入れるべきだと主張し、久脩らが反論した。濃尾の暦者は「くわんれき」（関暦か）というやり方で「算段」（暦の計算）し、一方の久脩と在昌は伝統的な宣明暦で「見行草（けんぎょうそう）」という勘暦法（暦の計算法）を用いたという。なお、「くわんれき」については阿部浩一氏が三島暦のことではないかと指摘している。

　結局、議論は対立したまま平行線となったのか、「双方治定（じじょう）せず」という結果になった。そのため、信長が今度は京都で前久のもとに作暦関係者を集めてあらためて協議させ、七日までに結論を出すようにと命じたので、前久と久脩が急ぎ帰京してきたという次第だった。

翌四日、京都所司代の村井貞勝邸に前久の命を受けた晴豊・中山親綱・広橋兼勝などの武家伝奏、高倉永相（ながすけ）（前権中納言、信長の昵近公家衆）などが集まった。そのほか儒医で著名な曲直瀬道三（まなせどうさん）・玄朔（げんさく）父子も呼ばれた。道三は中国古典に造詣（ぞうけい）が深いことで知られていた。このメンバーであらためて当年閏月を検討した結果、当年には閏月はない（宣明暦が正しい）という結論になったので、さっそく安土にその旨を伝える使者を送った。

五日にもさらに村井邸で議論が続いた。道三・玄朔父子のほか、久脩と在昌も加わり三度くわしく計算して「十二月閏なき分也」という同じ結論を確認した。この結論もまた安土に伝えられたにちがいない。

その後、『晴豊』にも『兼見』にも閏月問題の記事がみえなくなるから、信長も当年閏月はないという宣明暦にもとづいた結論を受け容れたと思われる。ところが、それから四カ月たった六月一日、上洛した信長がこの問題を蒸し返し、当年閏月があるといいだしたので、晴豊らはすでに決着ずみの議論なのにいまさらなぜだと不満を洩らしたというわけである。

公武協調を前提とした統一権力の「外聞」

この問題については、これまで信長の天皇大権への侵犯であるという見方が一部にあり、そのため、信長と朝廷の対立の一因、ひいては朝廷黒幕説の根拠のひとつにもあげられていた。しかし、そのようなありきたりな理解では信長の真意をとらえきれないだろう。そもそも、宣明暦と異なる東国暦が広範に流通している現象そのものが、天皇大権の形骸化を如実に示しており、信長の侵犯を云々する以前の問題である。

まずこの閏月問題の発端がなんだったのかを考えてみたい。それまで信長が暦に関心を示した形跡はない。それがにわかに関心を示したのはなぜか。

まず「濃尾の暦者」(『兼見』では唱門師だったという)が信長の命で宣明暦を所管する土御門久脩や賀茂在昌と安土で対決させられたところをみると、「濃尾の暦者」から訴えがあり、それに信長が関心を示したと思われる。しかし、信長の関心が持続した理由はそれだけではあるまい。

この問題が話題になった一月下旬が、甲州出陣が現実になろうとした時期と重なっていることに注目すべきである。『信長公記』によれば、二月一日に武田勝頼の一門衆である木曽義昌の内応が明らかになり、早くも三日に信長は甲州出陣の軍令を発している。その迅速な動きをみると、当然、それ以前から水面下で武田方への調略が進み、徳川家康・北条氏政らに呼びかけて対武田包囲網が着々と築かれていたとみてまちがいない。

大げさにいえば、信長はその過程で東国のさまざまな情報に接して、上方と異なる東国的な価値観と出会い、違和感を覚えたのである。そのひとつが暦問題で、京都を中心とした宣明暦と東国暦が異なっていることに気づかされたのではないか。

暦上で閏月が一カ月ずれることが信長にとってなぜ無視できない問題になるのか。より正確には、東西で閏月の異なる暦が流通している事態が信長には我慢できないのであり、やはり統一権力と時間の支配権の関係という観点から考えるべきだろう。その場合、天皇の作暦権はあくまで統一権力に包摂されたかたちでしか機能しないことも確認しておく必要がある。

東国では三島暦（伊豆三嶋大社の下社家河合氏）や大宮暦（武蔵氷川神社）が広く頒布され、ほかにも甲州暦、常陸暦といった地方暦があった。阿部浩一氏によれば、これらの東国暦が宣明暦と閏月で矛盾していたのは天正十年だけではなく、過去にも永享十二年（一四四〇）、文正元年（一四六六）、延徳二年（一四九〇）、永正十二年（一五一五）、大永五年（一五二五）など数回あったという。

また東国では十五世紀後半から私年号も多く使用されていた。福徳・弥勒・命禄などの私年号が知られている。私年号の評価については、東国が天皇や京都政権から離脱・自立したという見方や、それほどの政治的意図はないという見方などがあって定まっていない。

ただ、第一章で述べたように、天正八年を機に信長が事実上の統一権力を樹立し、その地位を東国の諸大名からも認知されていた。そして甲斐の武田勝頼を打倒すれば、信長の武威が東国におよぶことは明らかだったし、実際にそうなった。信長は甲州陣戦勝を機に統一権力が東国を統合したと認識していたに相違なく、したがって、統一権力のもとに暦も統一されなければならず、私年号もあってはならなかった。信長は、統一権力が東国に展開することで実現する領域統合は当然時間の統合もともなうべきだという、ごく当たり前な天下人の論理を示しただけである。

天正十年閏月問題は、宣明暦や東国の諸暦のあいだで大きな混乱を生じさせていた。桃裕行氏によれば、少なくとも越後・信濃・相模・安房・下総の諸国に閏十二月の月日が入った史料が存在するという。また『北条五代記』もこの問題にふれており、北条氏政が「十二月に至て、大小に相違有り」として三島暦と大宮暦のあいだで閏月に食い違いがあることを指摘し、三島暦が正しいという結論を出している。

このように、同じ東国暦のあいだでも食い違いがあって、統一されていなかったことがわかる。なお、三島暦は当年十二月のあとに閏月を入れる立場で宣明暦とは対立していた。大宮暦は宣明暦に近かったのかもしれない。

信長はこうした暦の混乱と割拠の状態に終止符を打ちたかったのではないか。そのさい、信長は宣明暦を基準にして三島暦などの東国暦を排除しようとはしていないし、その逆でもない。あくまでどの暦が客観的に正確なのかを知りたかったから、東西の暦者を集めて対決させたのだろう。それは自身の統一権力の正統性・無謬(むびゅう)性にもかかわっていたからである。

そうした信長の態度を、天皇大権の侵犯とか時間の支配権の奪取とみるのは見当違いである。信長は宣明暦が東国の地方暦を統合できるほどの普遍的な正確さを有しているのかどうかを、朝廷とくに暦道を家職とする土御門・賀茂両家に問いかけたのである。

そもそも信長の統一権力は公武協調を基礎に成り立っていた。暦問題は統一権力の正統性にかかわるだけに、いわば、天皇と信長の双方にとって重大な共同利害だったといえよう。

信長が天皇・公家衆にあれこれ注文をつけて統一権力への奉仕を要求することは決して公武対立ではなく、むしろ公武協調を前提とし、天皇・公家衆が担うべき役や家職を十全に果たすよう求めるためだった。

そうした事例は暦問題にかぎらない。すでに堀新氏などが指摘しているように、天正三年（一五七五）、天台・真言両宗の絹衣（きぬごろも）相論において朝廷の裁定に不手際があったのをきっかけに、信長が朝廷改革に乗り出し、「諸公事法度」を定めるための「五人之奉行衆」を設置したことがある。五人とは公家の三条西実枝（さねき）・中山孝親（たかちか）・勧修寺晴右（はれみぎ）・庭田重保・甘露寺経元で、武家伝奏も兼ねていた。朝廷側は信長の改革を「信長　公家一統之政道」だととらえ、在りし日の朝廷政治の再興だとして喜んだ（『天下統一と城』）。

信長ははじめ五人の奉行衆の評定には関与せず、その裁量にまかせていた。しかし、翌四年、興福寺別当職の任命をめぐって奉行衆四人（三条西実枝は辞職）に失態があって紛糾したために、信長は四人を蟄居（ちっきょ）処分とし、今後は朝廷の政務には信長の決裁を得ることを義務づけた。そのとき、信長が四人の奉行衆に対して「不届きの仕立」だと叱責し、その理由を「然る時は禁裏は御外聞を失わるるの儀に候、左候（さそうら）えば、信長も同前、面目を失い候」と述べている（『信長文書』補遺一八〇号）。

つまり、朝廷が失態を犯せば、その外聞（世間への体裁、評判）を失うばかりでなく、信長も同然で面目を失ってしまうというのである。ここに、信長の統一権力における公武協調・公武一体という運命共同体的な考え方がよく表れている。

となれば、暦問題も同様ではないだろうか。これも朝廷の管轄事項だったから、朝廷がこれをうまく解決できないと、それは信長の「外聞」にもマイナスとしてははね返ってくるという論理である。だから、信長は公武一体という立場から暦問題に対応し、朝廷にもこの問題を解決するために応分の役割を求めたのである。

六月一日は日蝕だった

いったんは決着したはずの天正十年閏月問題なのに、信長はなぜ六月一日に蒸し返したのだろうか。これまでの研究では、その真意について説得的な説明がなされていない。私は、二つの理由があるのではないかと考えている。

ひとつは、信長がみずから甲州に出陣し、信濃・甲斐・駿河など宣明暦と異なる東国暦が普及している地域に足を踏み入れる経験をしたことである。信長の領国である濃尾にも宣明暦と異なる東国暦が普及していたことは「濃尾の暦者」の存在からすでに承知していた。しかし、関東の覇者である北条氏政が当月閏月を認める三島暦のほうが正しいと断じたのをはじめ、東国では三島暦が優勢で、宣明暦があまり浸透していないことを実感して、統一権力による時間の統合という観点から看過できず、あらためて宣明暦の再検討が急務だと痛感したのではないだろうか。

もうひとつは、信長がこの問題を蒸し返した六月一日が、じつは日蝕だったことである。この点については、すでに前著で日蝕と暦問題が密接にかかわっているのではないかと指摘したことがある（『真説　本能寺』）。

たとえば、『続本朝通鑑』には「六月乙卯朔。日食」、『続史愚抄』にも「一日丁亥。日蝕云」とある。また神田茂氏によれば、この日の日蝕は食分（日蝕の度合い）が六（皆既日蝕を十として）の部分蝕だったという。月によって太陽の六割ほどが隠れたことになる。この日、天候が晴れだった京都では目撃されてもおかしくない。

もっとも、信長が当年閏月問題を蒸し返したことを記した『晴豊』には日蝕云々の言葉はない。しかし、これに先立って、土御門久脩・賀茂在昌が濃尾の暦者と対決したとき、「見行草」という勘暦法で計算したと『晴豊』二月三日条にある。桃裕行氏によれば、「見行草」は宣明暦において加減乗除の四則によって勘暦する方法で、節気（いわゆる二十四節気）・朔弦望・日月蝕という三つの部分から成るという。つまり、当年閏月を計算するとき、日月蝕の有無の計算とも大いに関連するのである。

黒田日出男氏によれば、中世社会では、日蝕や月蝕の光は不吉で穢れたものと観念されており、禁裏では「王」たる天皇の身体をこの妖しい光から守るため、禁裏御所そのものを莚で包んだり、天皇の衣服から穢れを祓ったりする習俗があった。

それは信長時代でもあまり変わらなかったようで、たとえば、天正三年（一五七五）四月一日の日蝕のとき、朝廷の女官の日記『御湯殿』に「日しよく（蝕）にて、ひつじ（未）・さる（申）までの時也、御所つゝみ（裹）あり」と書かれている。日蝕が午後二時から四時ごろまで続いたので、その間、御所の御殿を包んだというのである。ちなみに、この日蝕の食分は八だった。

秀吉時代の天正十七年（一五八九）正月元日にも日蝕があった。元日節会（せちえ）が予定されていたが、『御湯殿』には「こよひ（今宵）のせちへ（節会）、日そく（蝕）ゆえ御つゝしみ（慎）とてなし」と書かれており、日蝕のために元日節会を自粛したという。ちなみに、食分は三だった。

内田正男氏によれば、信長から秀吉時代にあたる元亀三年（一五七二）から慶長元年（一五九六）までのおよそ二十五年間に、日蝕は理論上、二十回起きている。ただし、明らかに京都で見えなかったり、食分がゼロないし一だったり、日没後から翌日の日の出前のあいだに現象したので見えなかったのが計十一回ある。

あとの九回のうち、食分六以上は七回あった（ただし、三回は『御湯殿』が欠落して状況不明）。残りの四回のうち、日蝕現象が記録されて朝廷がなんらかの対策をとったのは、右の天正三年四月一日の一例のみである。日蝕が視認できるかどうかは当日の天候にも左右されるので、一概にはいえないものの、残り三回（元亀三年六月一日、天正八年二月一日、同十五年九月一日）はとくに対策がとられた形跡がない。なお、元亀三年六月一日は地震が発生したので、日蝕への対応どころではなかったかもしれない。

では、本能寺の変の前日にあたる六月一日はどうだったのかといえば、『御湯殿』が欠落しているため、朝廷が日蝕になんらかの対策をとったかどうかは不明である。また、宣明暦がこの日の日蝕を予測できたかどうかもわからない。

なお、『縮刷　江源武鑑』の五月二十八日条に「午刻ニ光ヲ失ヒ玉フ」という、日蝕現象をうかがわせる記事がある。日蝕は原則的に朔日にしか起こらないから二日ずれている。これも宣明暦の不正確さを示すのかどうかわからない。『言経』によれば、当日の天候は晴れだったたから見えてもおかしくないが、その真偽のほどは不明である。

信長自身が日蝕に対してどのような考え方をしていたかどうかもわからない。なお、黒田日出男氏によれば、日蝕や月蝕の光から身を守ったのは天皇だけではなく、鎌倉将軍や足利将軍もそうだった。これは天皇と将軍の双方が「王」であると認識されていたことを示しているという。

信長はどうか。信長は将軍義昭を追放したのち、「公儀」「上様」と呼ばれ、将軍同等の地位にあった。そして、私たちは、信長がイエズス会宣教師に語った言葉を思い出す。

「予が国王であり、内裏（天皇）である」（『日本巡察記』）

「信長は己自らが神体であり、生きた神仏である」（『日本年報』上）

天皇が伝統的「王」ならば、信長も武家的「王」であった。日蝕問題には信長も無関心ではおれなかったのではないだろうか。

ところで、天正十年閏月問題について、立花京子氏も言及している。立花氏が問題にしているのは、この問題の勘暦に賀茂在昌と曲直瀬道三がかかわっている点であり、両者がキリシタンだった関係から、この問題にイエズス会が絡んでいるとし、さらに同年九月、ヨーロッパでユリウス暦からグレゴリオ暦に変更された史実と無関係ではないとしている。

暦道を家職とする賀茂在昌が西洋天文学に魅せられてキリシタンの洗礼を受けていたのは事実である。そのためか、在昌はいったん父在富（あきとみ）から廃嫡（はいちゃく）され、賀茂家も一時断絶した。そのため、暦道の所管が土御門家に移っている。しかし、天正五年（一五七七）に在昌は叙爵して暦道家として復帰した。そして、この問題に土御門久脩とともに加わり、久脩同様、宣明暦が正しいという結論を導いた。

在昌がこのとき、まだキリシタンだったかどうかはわからないが、仮にそうだったとしても、そのことが勘暦になんらかの影響を与えたとは思えない。

一方、曲直瀬道三について、立花氏は「天正十二年（一五八四）に、ベルショールの名で洗礼を受けている」と述べながら、そのすぐあとで一転して、道三が天正十年に潜在キリシタンであったとみなしてよいという強引な論法を展開している。

『日本年報』下（一五八五年八月二十七日付）によれば、道三が受洗するきっかけとなったのは、豊後府内のイエズス会コレジオ院長、ベルショール・デ・フィゲレイト師が重病となり、上京して道三の治療を受けたことである。その時期は同書に「昨年」とあるから、天正十二年であることは確実である。つまり、道三は同年、フィゲレイト師と親しく会話したのをきっかけに受洗したのである。だから、その二年前の同十年にキリシタンであるはずがない。立花氏が道三を潜在キリシタンという曖昧な言葉で、この作暦問題にかかわらせるのは無理がある。

この問題は、宣明暦か東国暦（三島暦など）かという対立構図であり、日本の旧暦一般と西洋の太陽暦の対立では決してない。それに、ユリウス暦からグレゴリオ暦への変更は信長死後のことだから、この問題と無関係なのは明らかである。

この問題の一連のやりとりをみると、信長が宣明暦に不信感をもっていたのは確かだが、だからといって、信長が西洋の暦を導入するとは史料のどこにも書いていない。また立花氏がキリシタンだとする在昌・道三も、イエズス会贔屓（びいき）の信長が肩入れする東国暦ではなく宣明暦に軍配を上げており、決して信長の意向に沿っていないのである。

この問題にイエズス会が関与するはずもないし、西洋暦の変更に結びつけるのは、史料の無視であり、議論のすり替えだといわざるをえない。

光秀と上杉景勝の同盟はあったのか

天正十年閏月問題が蒸し返されたのが六月一日だが、その前後にもうひとつ重要な出来事があったとするのが藤田達生氏である。

藤田氏は、光秀が送った密使が上杉景勝方の拠点である越中魚津城に六月一日以前（五月二十七、八日ごろ）に到着したとし、将軍義昭を奉じる光秀が政変に先立って景勝に協力を呼びかけたと主張している。この史料が将軍義昭黒幕説を唱える藤田説の有力根拠になっている。

それは『覚上公御書集』と呼ばれる景勝にまつわる編纂史料で、江戸時代中期から後期に上杉家で編纂された。「覚上公」は景勝の諡号である。それには、「一、同年（天正十年）六月に就き、直江兼続に信州表御出陳（陣）に依り書翰を呈す。河隅忠清明智光秀越中表に申し送る由、これを伺う也」という綱文（編者による長文タイトル）が付いており、以下、次のような河隅忠清の書状写しが掲載されている。

> 先日は御書下され候、頂戴奉り候、よって、その表いよいよ諸口思しめさるる御儘の由目出たく至極に存じ奉り候、然して一昨日、御越河の由申し来たり候、何方までお馬出し候哉、昨今は一向御左右御座なく候間、御心もとなく存じ奉り候、随って上口の様子委しく承らず候、一昨日、須田相模守（満親）方召し仕る者罷り越し、才覚申す分は明智所より魚津訖（迄）使者指し越し、御当方無二の御馳走申し上ぐべき由申し来たり候と承り候、実の儀候はば、定めて須田方より直ちに使を上げ申さるべく候、はたまた推参至極に申す事に御座候え共、其元の儀大方御仕置仰せ付けられ候はば、早速御馬を納められ、能・越（能登・越中）両州御仕置これを成さるも御尤もの由と存じ奉り候、此の旨宜しく御披露に預かり候、恐惶謹言

（追而書は略）

河隅越中守

（天正十年）
六月三日　　　　　　　　　忠清

直江与六殿

差出人の河隅忠清は上杉景勝の奉行人で、このとき春日山城で留守を守っていた。この書状は、忠清が上杉景勝に従って信州に出陣している直江兼続に、越中に在番している須田満親からの要件を伝達するというかたちになっている。年次は天正十年でまちがいない。

問題は須田満親が申し送った要件である。傍線にあるように、それは「一昨日（藤田説では六月一日）、須田満親の家来がきて自分の意見を申すには、明智光秀の使者が越中魚津にきて、当方（上杉家）に二心なく奔走したいと申し入れてきたと承りました」というものである。

この書状は写しということもあり、多くの疑問や論点が含まれており、十分な検討が必要である。その前に藤田説の要点をまとめておこう。

藤田説によれば、五月二十七日か二十八日に光秀の使者が魚津城に紛れ込み、光秀のクーデター計画を上杉方に伝えたので、須田満親が使者を送って、この重大情報を春日山の河隅忠清に知らせた。それが傍線にあるように「一昨日」、六月一日だったとする。つまり、光秀が事前に信長打倒計画を上杉方に知らせたというのである。また傍線部分の解釈について、上杉方が最大限の馳走を申し上げる対象が将軍義昭だとし、光秀が将軍義昭の命を奉じて上杉方に協力を呼びかけたとしている。

しかし、藤田説は疑問や無理な解釈が多くて賛成しかねる。

まず、日付の問題がある。六月三日という日付は書状の内容と明らかに矛盾しているからである。なお、この書状の写しは上杉家の別の編纂記録である『歴代古案』にも収録されており、本文にも微妙な違いがあるが、とくに日付と宛所が切断されていて存在しない点が大きな違いである。

『歴代古案』の成立時期は不明だが、米沢藩の修史事業は延宝年間（一六七三〜八〇）に始まっているという。『上杉家文書』にも寛文十一年（一六七一）の「古案改之帳」や延宝八年（一六八〇）の「古案改帳」が収録されており、上杉家や家中諸家から謙信・景勝時代の膨大な数の古文書が蒐集（しゅうしゅう）されていることがわかる。「古案」云々という名称からしても、これらが『歴代古案』の原典となった可能性が高い（九五二・九五三号）。

一方、『覚上公御書集』（と『謙信公御書集』）の成立時期について、解説の山田邦明氏は米沢藩士の平田範隅によってなんらかの原典から筆写された時期を天明二年（一七八二）以降だと推定している。

以上から、『歴代古案』と『覚上公御書集』の関係ははっきりしないものの、『歴代古案』のほうが時代的に先行する編纂物であるのはほぼまちがいない。とすれば、『歴代古案』では存在しなかった日付と宛所は平田範隅の筆写過程で加筆された可能性がある。

平山優氏も、『覚上公御書集』の姉妹編にあたり、同じく平田が筆写した『謙信公御書集』のなかで、永禄二年（一五五九）、長尾景虎が二度目の上洛から春日山に帰国した時期が、そのいきさつを記した「侍衆御太刀之次第」（『上杉家文書』九六三号）の日付より一カ月ほどうしろにずれていることを指摘している。そのことからも、平田の筆写には、ほかにも加筆ないし誤写があったことは確かだと考えられる。

したがって、この書状の日付を鵜呑（うの）みにするわけにはいかない。私はこれが書かれたのは、柴田勝家などの織田軍が本能寺の変を知って魚津城から撤退した六月八日以後だと考えている。その理由をいくつかあげてみたい。

景勝はいつ政変を知ったのか

まず藤田説では、光秀がクーデター計画を知らせる密使を送ったのが五月十七日以降、その密使が須田満親のもとに来着したのが五月二十七、八日ごろだとされるが、すでに述べたように、その時期に信長はまだ安土城にいる。信長の上洛日程や警固の軍勢の規模などを知りえてもいないのに、どのようにしてクーデターを起こせるのだろうか。信長が少ない供廻で安土を発して入京した五月二十九日以降でなければ、クーデターの日程や方法を具体化できるはずもない（そして具体化してからでは間に合わない）。具体性のないクーデターへの協力要請は見向きもされないか、逆に謀略だと警戒されるだけだろう。

しかも、光秀の密使は魚津に着くまでに柴田勝家・佐久間盛政・佐々成政などの織田家部将の所領を通過することになる。同じ織田方とはいえ、場違いで方向違いの使者だから拘束されて尋問を受けてもおかしくない。もし危険な内容の書状が露見したら一大事である。常識的には光秀がそんなリスクを冒すとは考えにくい。

次に、五月二十七、八日ごろ、光秀の密使が魚津で須田満親方に接触したというのもおかしい。魚津城が落城したのは六月三日である。密使が魚津周辺に着いたとされる五月二十七、八日ごろは織田方に厳重に包囲されていたはずで、密使が城中に入るのは不可能である。なにより、須田満親はこのとき魚津城中にいないのである。どのようにして密使と接触できるのか。

藤田説は魚津城が和睦・開城する予定になっており、織田方からそのための人質が城中に送られていたから、光秀の密使も入れたはずだと主張するが、いかにも苦しい説明である。開城する予定だからといって、寄手（よせて）がそれを見届ける前に包囲を緩めるとは常識的に考えられない。

上杉景勝は魚津・松倉両城を救援するため、五月十五日に越中天神山に着陣したが、滝川一益が上州から、森長可が信州から越後に侵入してきたとの急報により、二十三日か二十六日に陣払いして春日山城に兵を返した。『上杉御年譜』によれば、景勝は退陣にあたって須田満親・楠川将綱・菅名（すがな）綱輔・岩井信能（のぶよし）らを天神山の守備に残している。

つまり、光秀の密使が五月二十七、二十八日に満親と会えるとすれば、魚津ではなく天神山でなければならない。もし書状どおりに魚津で会ったのであれば、柴田勝家など織田軍が魚津から撤退した六月八日以降に、満親が天神山から魚津に進駐していた時期でなければ辻褄が合わない。

ところで、景勝が本能寺の変を知ったのはいつだろうか。景勝が六月八日付で揚北衆（あがきたしゅう）の色部長真（いろべながざね）に宛てた書状に「上辺（かみへん）凶事出来（しゅったい）」とあることから、同日か七日あたりではないだろうか。その書状には「越中に在陣していた柴田勝家らが悉く（ことごと）敗軍した。然れば、仕置のために出馬したい」とも書かれていて、近いうちに越中に出陣することを匂わせている（実際は信州に出陣した）。

しかし、景勝の情報源は光秀の密使からではあるまい。この前後で景勝の本能寺の変に関する情報があまりに不正確で混乱しているからである。最近、石崎建治氏が紹介した六月九日付の景勝書状がその好例である（「平木屋文書」）。

これは景勝が会津の蘆名（あしな）氏使僧の游足庵（ゆうそくあん）淳相に宛てたもので、景勝が上方異変を知った直後のものである。その内容は「中国の毛利が播州と摂州の境まで進出し、木下藤吉（羽柴秀吉）を攻めて擒（とりこ）にしたそうである。そこで信長が木下を助けるために出馬したところ、信長は敗軍して、甥の織田七兵衛（津田信澄）の心替えによって切腹したそうである。加賀や越前国境から追々注進がくるだろうが、事実なのだろうか（後略）」というものである。

この景勝書状は本能寺の変の実態とあまりに違いすぎる。これでは信長の死はクーデターや謀叛が原因というよりも、毛利方に敗北したことのほうが主要因である。しかも、信長は光秀ではなく津田信澄に追いつめられた末に切腹したことになっている。

景勝は明らかに不正確な情報しか得ていない。しかも、自分が得た情報が事実かどうかも判断できずに懐疑的でさえある。このことは上方にしかるべき情報源をもたず、風聞に依存していたことを示している。とくに光秀や明智の名前がどこにも出てこない点に注目したい。藤田説のとおりなら、このような内容には決してならないはずである。政変以前に光秀から通牒があったのだから、少なくとも光秀の名前くらい出てくるだろう。

あるいは、蘆名方への通報だから、自陣営に都合よく情報統制してあるという見方も成立するだろうか。しかし、こんないいかげんな内容では、情報統制以前の問題であろう。また、光秀の名前を出さないことが上杉方の利益になるとも思えない。

最後に、河隅忠清書状にある「御当方無二の御馳走申し上ぐべき由申し来たり候」という傍線部分の解釈についてである。

藤田説は上杉方の「無二の御馳走」の対象が将軍義昭だとする。しかし、そうした解釈は無理ではないか。この一節を藤田説のように、「御当方」を「上杉家が」という主語にして読めば、上杉家に光秀への馳走を要求する趣旨になる。そうなると、光秀の尊大な態度に上杉方が反発するのは目に見えている。

だから、藤田説は光秀への馳走ではなく、将軍義昭への「無二の御馳走」だと飛躍せざるをえなくなったのである。だが、この一節を将軍義昭への馳走という意味に読み取るのは困難である。そう読むためには、たとえば「公方様」とか「上意」「公儀」といった文言がないと無理だろう。

すでに鈴木眞哉・藤本正行の両氏が指摘しているように、ここは「上杉家に」と目的語に解したほうが意味が通りやすい。「上杉家に（光秀が）無二のご奔走を致します」と、光秀がへりくだって申し入れてきたからこそ、忠清は上杉方が応対するに値すると判断して兼続に注進したのである。

以上から、光秀が政変以前に景勝に通牒してきたという藤田説の解釈には無理があり、光秀が将軍義昭を奉じていたことも立証できないことが明らかになった。

光秀の密使が魚津に着いたのは六月八日以後のことであり、その目的は上杉方に柴田勝家らの北陸方面軍の拘束を依頼し、上方への反転を阻止または延引させるためだったと解するほうが自然である。しかし、景勝は光秀の要請に反して北信濃に侵攻して自己利益を追求した。藤田説が強調する将軍義昭を盟主とした反信長戦線など、画に描いた餅だったのである。

2　政変後の出来事について

切腹も覚悟していた誠仁親王

六月二日未明に決行された光秀の謀叛の概要はすでによく知られているので詳述しないが、政変に巻き込まれた朝廷や公家衆の動きについては、あまり知られていない。

一時期、朝廷黒幕説が登場したものの、その提唱者だった立花京子氏が事実上撤退してから、同説を唱える研究者はいなくなった。それでもなお、歴史ファンのあいだでは一定の影響力を保っているように思われるので、ここでは、そのうちのいくつかを取り上げて、同説が成立しないことを明らかにしておきたい。

まず、本能寺の変の渦中、二条御所での出来事である。妙覚寺に宿泊していた織田信忠は本能寺が襲撃されたと知って、隣の二条御所に移って守りを固めた。二条御所はもともと信長の京都屋敷として造営されたが、三年前に信長が東宮（とうぐう）の誠仁親王に譲渡していた。そこへ武装した信忠勢が押し入ってきたので、親王主従も驚いたにちがいない。

御所はすぐさま明智軍に取り囲まれた。『十六・七世紀イエズス会日本報告集』六によれば、親王は所司代の村井貞勝の進言に従い、外の明智方と交渉して次のようなやりとりがあった。

「都の所司代、村井（貞勝）殿が世子（信忠）に同伴していたので、彼の勧めによって、武具を付け馬に乗って件（くだん）の街に来ていた明智に使者を送り、如何に処することが望みか、また御子（誠仁親王）も同様に切腹すべきかと問うたところ、明智は御子に何も求めもしないが、信長の世子を逃さぬため、馬にも、また駕籠にも乗らず即刻、邸から出るようにと答えた」

このなかで、誠仁親王が切腹するという悲壮な覚悟でいたという点は見逃せない。親王は三年前に信長から二条御所を譲られたとき、信長みずから主宰して禁裏から親王の二条御所への盛大な移徙（いし）を挙行し、前年三月には信長が譲位・即位を執り行うことを表明していることから、信長に擁立されたという強い自覚をもっていたのだろう。だから、信長が最期を遂げたうえに、御所まで明智軍に囲まれてしまった以上、自分も信長に殉ずるしかないと思いつめていたのではないだろうか。

内容の信頼性に疑問符がつけられるイエズス会関係史料だが、これまでも述べたように、かなり信用できる史料であることはまちがいない。

右の引用のなかで、親王が村井の進言に従って明智方と交渉したとある点について、『晴豊』にも「村井（貞勝）のかれ（退）候への由申す、当番の衆御供申し、のかれ（退）候」とあり、村井が退去を勧めたとする点で一致する。また『兼見』にも、親王一家と公家衆が御所外に出たときの様子を「中々御乗物に及ばざる躰（てい）也」と書いており、光秀の指示どおりに馬や駕籠を使わなかったことがわかり、右の引用と一致している。

なお、御所外に出た親王たちのその後だが、禁裏南の新在家に住む里村紹巴が荷輿（にないごし）（ござで包んだだけの地下人用の粗末な輿）をもってきて、親王をそれに乗せて禁裏に向かった。イエズス会関係史料は日本側の史料と合致するところが多いことがあらためて判明したと思う。

ところで、近年まで朝廷黒幕説を唱えられ、とくに立花京子氏により誠仁親王がその首謀者だとされてきた。しかし、右の引用でみたように、もし親王が黒幕の中心なら、信長に殉じて切腹するとまでいうはずがない。親王は明らかに光秀の謀叛を知らず、不幸にも政変に巻き込まれてしまった被害者にすぎない。

また、親王にとって、信長は恩人である。二条御所を与えてくれただけでなく、即位も約束してくれた。もし信長が存命だったならば、一、二年のうちに譲位・即位が執り行われた可能性が高い。しかし、本能寺の変によって親王の即位は遠のき、それが実現しないまま、政変から四年後に親王は病死した。このことからも、信長の死が親王にとって大きな政治的打撃だったことがわかる。

政変後、親王は吉田兼見を通じて光秀と交渉した。六月六日、親王は兼見を勅使として安土に派遣させることを決め、「京都の義別儀無きの様堅く申し付くべきの旨」（『兼見』）を光秀に伝えるよう兼見に命じた。兼見は七日、安土で光秀に対面し、その旨を伝えている。

さらに九日、光秀が再び上洛し、天皇と親王に銀子五百枚ずつを献上したうえで下鳥羽に布陣すると、親王は再び兼見を光秀の陣に遣わし、「京頭（きょうと）の儀かたく申し付け候由」と二日前と同じ趣旨を光秀に伝えさせている。

親王は二度にわたって光秀に対し、京都が政変前と同様の平和と秩序を回復できるように要求したのである。これは新たな京都の支配者となった光秀の、武家としての責務だと指摘したことを示しているとともに、政変によって洛中の治安が混乱している現状を、暗に光秀の責任だと批判しているようにもとれる。

本能寺の変によって本能寺と二条御所が焼失したばかりか周辺にも延焼したらしく、焼け出された避難民が禁裏御所に「小屋懸(こやがけ)」する無秩序状態になった。『晴豊』がその様子を日記に書いている。政変二日後の六月四日条に「者共のけ(退)、禁中小屋懸いよいよ正躰(しょうたい)無き事也」とあるのをはじめ、五日、六日、十日、十二日の各条に「小屋懸」があったことを書いている。そして光秀が敗北し、羽柴秀吉らが入京してきた直後の十五日条に「はや〳〵小屋共のけ(退)申し候」とあることから、秀吉らが避難民を禁裏御所から立ち退かせて秩序が回復したことがわかる。

つまり、光秀が京都を支配した期間（約十日間）は禁裏御所に小屋懸した避難民を放置したままで、朝廷救済のための有効な措置を講じていなかったのである。これは光秀が朝廷の苦境に対して無関心かつ冷淡だったことを示している。朝廷黒幕説とは相反する事実といわなければならない。ここにも同説の綻(ほころ)びがみえている。

親王が二度にわたって光秀に京都の治安維持を図るよう要求したのは、禁裏御所内での小屋懸という絶えて久しくなかった異常事態への対処を強く求めていたのではないか。六月九日、光秀が天皇と親王に銀子五百枚ずつ献上したのは、遅ればせながらの見舞金という意味合いがあったと思われる。無視を決め込んでいた光秀もとうとう親王の要求を無視できなくなったとみたほうがよい。

なお、親王は光秀との交渉にあたり、一度目の兼見の勅使役任命といい、二度目の光秀宛ての女房奉書発給といい、みずから采配を振るって積極的な役割を果たしている。これらは本来、天皇の権限に属する事柄である。天皇が表に出ずに親王にやらせたという説もあるが、朝廷の政務のあり方としては変則的すぎる。一日も早い譲位の実現を期待していた老齢の天皇にも、信長の死が相当のショックで政務を執れない状態になったのではないか。だから、若い親王が朝廷の代表者として前面に登場したと考えたほうが自然である。

誤解されやすい近衛前久の実像

親王と同じように、黒幕の嫌疑をかけられている人物に前関白で現任の太政大臣だった近衛前久がいる。

前久は作暦問題でも、信長から朝廷側の意見集約を求められるなど信頼されていた。また対本願寺戦や甲州陣にも信長に従って積極的に従軍している。足利将軍時代から武家に奉仕する武家昵近公家衆という公家近臣集団がいた。信長時代でも多少のメンバーの入れ替わりがありながらも存続しており、とくに堂上公家ながら信長に従って従軍するなど軍役面での奉公もするのが大きな特徴で、陣参公家衆とも呼ばれていた。

信長の陣参公家衆は、高倉永相（前権中納言）・同永孝（右衛門佐）・正親町季秀（前権中納言）・日野輝資（権中納言）・烏丸光宣（権中納言）といった面々である。広橋兼勝（権中納言）・土御門久脩（陰陽頭・天文博士）・竹内長治（従三位刑部卿）らも含まれていた可能性がある。

天正九年二月二十八日、洛中で有名な馬揃えが挙行されたとき、公家衆からも前久をはじめ、正親町季秀・烏丸光宣・日野輝資・高倉永孝らが参加していることから、陣参公家衆も織田軍に組み込まれており、前久が陣参公家衆の統括役だったと考えられる。

また、前久は信長から厚く遇されていた。信長が天正三年（一五七五）十一月、公家・門跡に対していっせいに知行を給付したとき、前久は三百石という最高の知行高で、ほかの摂家である九条兼孝の百五十石、一条内基の百石を上回っていた。さらに同六年六月、前久は信長から山城国普賢寺に千五百石を新たに与えられるという破格の処遇を受けていたのである。

このように、信長に密着して恩恵を蒙っている前久が光秀の謀叛に加担するとは考えにくい。本能寺の変で前久がどのようなかたちで登場するかみてみよう。

まず、信忠主従が籠る二条御所を明智方が襲撃したときのこと、『信長公記』には「御敵（明智軍）、近衛殿御殿へあがり、御構を見下し、弓・鉄炮を以て打入れ、手負・死人余多（あまた）出来、次第々々に無人になり」云々とある。二条御所と隣り合っていた前久邸に明智方の兵が乱入して屋敷の屋根の上から、二条御所を弓・鉄炮で狙撃したので、信忠方に死傷者が多数出て、しだいに抵抗が已（や）んだというのである。

二条御所は南が三条坊門通、東が烏丸（からすま）通に面しており、西の室町通側は町屋が並んでいたから、近衛邸は北隣にあったと考えられる。『明智軍記』にも「敵城（二条御所）の北に当って、近衛殿の下館（しものやかた）とて、棟高き屋形の有りけるに」とあるのが、それを裏付けている。『明智軍記』は俗書だが、この点に限っては信用できる。

前久邸からの銃撃により二条御所合戦の帰趨（きすう）が決したといえよう。しかし、明智軍の前久邸への侵入は不可抗力であり、二条御所に隣接していたための不幸だから、前久に責任があるわけではない。ところが、山崎合戦で光秀が敗北し、羽柴秀吉や織田信孝の軍勢が入京してくると、前久が六月十七日に出奔して嵯峨に隠れたことが発覚する。前久が出奔したのは右の二条御所合戦で明智方に邸宅が利用されたことが原因なのかどうかは不明である。いずれにしろ、出奔したことで疑惑が深まった。そして、凱旋上洛した信孝が前久を成敗すると洛中にふれた。これをみると、前久が光秀の謀叛になんらかのかたちで関与していたようにもみえる。十七日、嵯峨に隠れている前久に対して討手が差し向けられた。前久は討手がくる前に間一髪で嵯峨を脱出した。その後、前久は醍醐寺に隠れたのち、さらに浜松の徳川家康を頼って落ち延びる。

『晴豊』はこのときの前久について、「近衛殿今度ひさよ事の外也」と感慨を洩らした。このなかで「ひきよ」の解釈が焦点である。これは「非挙」（よくない行為・企て）か「非拠」（いわれないこと、非理）のどちらかだとされる。

前者を採用したのが立花説で、前久がよくない企て（本能寺の変への加担）をしたのは存外であると解している。これに対して、津野倫明氏が立花説を批判し、まず「非拠」の可能性を想定すべきだったとして、摂関家の前久がこのような悲惨な境遇に陥っているのは「不当」であるという同情にも似た感慨を洩らしていると解釈できるとした。

私も津野氏の解釈が自然ではないかと考える。晴豊にとって前久は門流（五つの摂関家ごとに堂上公家が主従的関係に編成されていること）の主筋にあたり、また姻戚関係（夫人がともに土御門家出身）にもあったから、批判めいたことを述べるのは考えにくい。それに立花説によれば、前久だけではなく日記の主、勧修寺晴豊も親王を中心とする信長打倒計画に参画した一員である。共謀の仲間なら、前久の行動を「よくない企て」だと批判できる立場ではないだろう。

前久の行動が信孝だけでなく、後世のわれわれにも疑念を抱かせるのは確かだが、前久のこうした行動はじつはこのときだけでない。その性格からくるものか、前久にとっては一種の条件反射的な行動パターンであることを知っておく必要がある。

まず、永禄十一年（一五六八）十一月、足利義昭が信長に擁されて上洛したとき、前久は「武命に違われ出奔」している（『公卿補任』三）。「武命」とは将軍の命令という意味である。『多聞院』にも「上意勘当」とあり、義昭との不仲がもとでの出奔だった。

不仲の原因はすでに橋本政宣氏が指摘しているように、前久が松永久秀と懇意にしていたからである。周知のように、久秀は三好三人衆とともに将軍義輝を暗殺した首謀者である。義昭が兄の仇敵と親しい前久に不興を覚えたため、前久は出奔する仕儀となった。

久秀と親しかったからといって、前久が将軍義輝暗殺に関与していたわけではない。なにより、前久は義輝とは従兄弟かつ義兄弟であり、政治的にも盟友関係にあった。一方で前久は関白として三好・松永政権との交渉にあたっていたから、交渉を円滑ならしめるため、久秀との私的な交際もやむをえない。その意味では、義昭の「勘当」は逆恨みに近い。

前久自身はこのときの出奔の理由を「佞人（ねいじん）の所行」によって京都を退座したと述懐している（『島津家文書』六六三号）。また、本能寺の変直後の二回目の出奔でも、前久は「佞人悪人共ほしいままに申し掠（かす）めたことを理由にあげている（右同書六六九号）。一回目と同じ理屈であることから、ただの都合のよい言い訳とも思えない。前久が信長に厚遇されていたのを快く思っていない者がいて、信長の死をきっかけに讒言（ざんげん）したとも考えられる。

三回目は本能寺の変の二年後、小牧長久手の戦いのときである。このときも前久は奈良に下向して逼塞（ひっそく）した。『兼見』天正十二年三月十五日条によれば、前久は「落（洛）中を御忍び」で南都に下向している。その理由は、「入道殿（前久）、徳川馳走に依り、筑州（秀吉）別義なき処、敵に成るの間、御気遣（おきづかい）のため御逼塞云々」というものだった。前久が二回目の出奔のときに家康の世話になっており、秀吉は別に気にしていなかったが、家康と秀吉が敵になったので（秀吉を）気遣って奈良に逼塞したというのである。

三回の出奔に共通しているのは、いずれも政権交替期か武家どうしの深刻な対立という政治的背景があることである。前久自身も当事者の一方とたまたま親しかったという理由だけで出奔している。となると、二回目も光秀とある程度親しかったからかもしれないが、史料上に表れるのは、天正九年（一五八一）二月の馬揃えのとき、光秀が前久の乗る馬を提供したくらいであろうか。

いずれにせよ、前久は将軍義輝暗殺にも、秀吉と家康の対立にも深く関与しているわけでもないのに、なぜか退京しているわけだから、もはや生来の性状というしかなく、本能寺の変での出奔も同様で、さほど深刻な事態だったとは思えない。

不審に思われた吉田兼見の悲劇

誠仁親王と近衛前久とくれば、吉田兼見も俎上（そじょう）に載せる必要があろう。兼見は堂上公家のなかで、光秀の古くからの友人であり、もっとも懇意にしていた人物である。それだけに、本能寺の変と山崎合戦は、兼見にとっても生涯の重大な岐路となった。

兼見の日記は天正十年分だけが別本と正本の二種ある。別本が山崎合戦前日の六月十二日で筆が折られて、わざわざ正本を書きなおした理由が、本能寺の変と光秀の敗北が契機であることは明白である。また正本で書きなおした個所が別本に書かれていた朝廷と光秀、兼見と光秀の交渉をことさら抹消したり、希釈していることも不審視される一因となった。

しかし、武家の政権交替に対して、その庇護下にあった朝廷はつねに勝者の側に寄り添わざるをえない立場にあったから、信長を打倒した光秀に対しても、同様の行動様式を示したにすぎない。

それにともなって、兼見が誠仁親王の命により光秀の取次となったわけだが、ほどなく光秀から秀吉・信孝への政権交替が起きると、光秀が反逆者に認定され、光秀と交渉した兼見の行動は結果として勇み足となり、新旧の武家支配者のあいだで板挟みの窮地に陥ってしまった。兼見が日記を書きなおす必要に迫られたのは、これに起因する。光秀支配期の出来事をできるだけリセットして、朝廷と自分の行動をより整合性あるものにするためだったにすぎない。

すでに述べたように、永禄八年（一五六五）、将軍義輝が暗殺されて三好・松永政権が成立したとき、近衛前久も義輝とは義兄弟・従兄弟という密接な関係にあったにもかかわらず、政敵である久秀と交際せざるをえなかった。

兼見も前久の先例と同様だった。兼見は信長の推挙により地下（昇殿できない下級官人）から堂上成（昇殿できる公家）へと家格を上昇することができた。信長は兼見にとって恩人でもあった。しかし、その信長を光秀が打倒すると、光秀と懇意だという理由から朝廷の取次役をつとめざるをえなくなっただけのことである。前久の立場とほぼ同じである。

また、兼見が日記を改竄したといわれるが、新しい権力者の目を恐れたというよりも、日記が先例そのほかの備忘・故実集としての機能を果たすことから、子孫への配慮が働いたとみるべきだろう。それに、都合が悪いはずの別本が処分されずにそのまま吉田家に保存されていた事実は、兼見にとって別本は抹殺すべきほどの機密の記録ではなかったことを示している。

さて、政変後の兼見の行動で、いくつか不審だとされている点がある。まず政変当日の六月二日、本能寺を襲撃したのちの未の刻（午後二時ごろ）、兼見は馬を飛ばして、粟田口あたりまでいき、大津方面に向かおうとしていた光秀にわざわざ面会している。その用向きは「在所の儀万端頼み入るの由申し畢」というものだった。

ところが、本能寺の変という大事件を起こした光秀に自分の在所の安全を依頼するという私的な要件というのは唐突すぎておかしい、もっと重大な話をしたのではないかという疑問からか、たとえば、立花説では兼見の行動を「極めて不可解」だとしている。

しかし、兼見には兼見なりの切実な事情があったことを指摘しておきたい。『兼見』天正十三年十一月八日条に「今度検地帳算用之云々、当郷指出、散在大宮郷・栗田領二ヶ所、奉行に相渡すの由申しおわんぬ」という一節がある。これは豊臣政権になってからのことだが、太閤検地の一環である山城検地において、兼見が吉田社領の指出を検地奉行に提出した。そのなかに吉田郷だけでなく、散在所領として大宮郷と粟田領の二カ所があったことがわかる。つまり、粟田口あたりに吉田社の所領があったのである。

また『華頂要略』（門主伝第二十四）の六月五日条の割書に「惟任日向守光秀、去る二日本能寺において前右大臣正二位信長公を殺すの間、洛中幷に粟田口辺殊に兵士乱入と云云」とある。政変直後、明智方の兵士たちが洛中や粟田口付近で乱妨を働いていたのである。

以上から、兼見の行動の真意は明らかだろう。兼見は粟田口にある吉田社領を明智方の兵士による乱妨から守るために、急ぎ光秀に会いにいったのである。おそらく光秀に対して禁制の発給を求めたのであろう。兼見の行動はこれまでみたように、賀茂社・興福寺そのほかの寺社がとった常套的な行動と同じであり、それ以上でも以下でもない。

兼見は六月七日、誠仁親王の命で勅使として安土に下向し、同城を占領した光秀と会見する。そのときのことを、兼見は日記に「今度謀叛の存分雑談也」と記した。光秀の行為は「謀叛」だとする点が重要だろう。すなわち、黒幕など存在しないのである。付言すれば、『言経』も「明智日向守謀叛により」と記している。堂上公家は光秀の謀叛による単独挙兵だという共通認識をもっていたのである。

九日、安土から白川口を経由して上洛した光秀は兼見邸に立ち寄った。そのとき、光秀は正親町天皇と誠仁親王に銀子五百枚、京都五山と妙心寺・大徳寺に銀子百枚ずつ、そして兼見に銀子献上のことを朝廷に取り次いでくれるよう依頼するとともに、同じく五十枚を与えることを申し出た。

兼見は光秀の希望どおりに朝廷に取り次ぎ、天皇の側近女官である長橋局(ながはしのつぼね)に披露した。朝廷からも光秀に宛てて御礼の女房奉書が作成され、兼見がそれを下鳥羽の光秀の本陣に届けるというやりとりがあった。

さて、兼見が光秀からもらった銀子五十枚だが、これは取次料の代価として相場である。通常、献上品や進物などの贈与にさいして、その一、二割程度が執奏した取次にも贈られる慣習があったから、兼見のケースもその慣習どおりで決して不思議ではない。

ところが、山崎合戦で光秀が敗死すると、この贈与が政治問題になった。六月十四日、兼見邸に織田信孝の使者を名乗る津田越前入道という者が訪れ、光秀の銀子配分は曲事だと信孝が仰せだとねじ込んできたのである。『兼見』によると、兼見が事情をくわしく説明したが、同人は「承伏せざる気色」で帰っていったという。

光秀が朝廷などに贈った銀子の出所は安土城の御金蔵からだと思われることから、信孝がその受領は光秀への加担に等しいと怒るのも一理ある。驚いた兼見は誠仁親王や徳雲軒こと施薬院全宗に依頼して、信孝からの嫌疑を晴らすために奔走した。

そしてその日のうちに信孝から、「津田越前がそなたに難題を申し懸けたとのことだが、私は命じてはいない。何者が言いがかりをつけたのか不審である。こうなったからには、その者を搦め捕らえて突き出してください」という趣旨の返答があったので、兼見は安堵した。

ところで、兼見に難題をもちかけた津田越前入道とは何者なのか。また、ほんとうに信孝の家来だったのか。以前からこの人物がだれだか不明だったが、どうやら織田一族の者で、かつて信長の重臣だった中川重政ではないかと思われる（和田裕弘氏のご教示による）。

谷口克広氏によれば、重政は信長の黒母衣衆の一人で、信長上洛以降は木下秀吉・明智光秀・丹羽長秀とともに京都奉行の一人として活躍したが、元亀三年（一五七二）、柴田勝家との所領争いがきっかけで、弟の津田盛月とともに改易された。その後、入道して土玄と称し、再び信長に仕えたというが、かつてのような部将の地位にはもどれなかったという。

江戸時代後期に加賀国で成立した富田景周筆「津田譜愚考」によれば、「織田越前守重政　中川八郎右衛門重政初名也」とあり、「重政、実は津田刑部君の舎兄にて、初め織田駿河守、又は越前守とも云しが、中川治部左衛門伊治が養子となり、信長公に仕て黒母衣衆十人の其の壱人なり」と書かれている。重政の弟隼人正盛月も津田名字であることから、織田越前守から出家して津田越前入道へと名乗りを変えたと推定できる。

重政は天正七年以降、その名がみえなくなる。本能寺の変前後にどのような立場・境遇にあったかもわからない。兼見が光秀から銀子をもらったことは光秀側近衆か朝廷関係者の一部しか知らないと思われるから、重政は京都にいてそれを知りうる立場にあったのだろう。あるいは信孝家来を名乗っていたのなら、阿波渡海のために信孝軍団が編成されたとき、牢人衆として津田越前入道の名前で加わったのだろうか。

ともあれ、この一件は光秀に加担したという嫌疑が兼見にかけられたわけではない。兼見が光秀の銀子献上を朝廷に取り次いだことが、結果として安土城御金蔵の一部略取になったため、津田越前入道にその弱味につけ込まれたというだけのことである。信孝が深く追及しようとしなかったのも、兼見の軽微な過失だと考えたからだろう。

何も知らなかった被害者のイエズス会

近年、立花京子氏が本能寺の変について、イエズス会を通じた南欧勢力黒幕説を提起して話題を呼んだ。壮大な仮説だが、実証的には疑問が多く、すでにいくつかの批判がなされている。そのなかで、川村信三氏の批判は簡潔ながら正鵠（せいこく）を射るものではないだろうか。

立花説の根幹は、信長が天皇・将軍・大名を欺瞞（ぎまん）してまで全国制覇を遂行できたのはイエズス会の財政的援助をあったとする点である。川村氏はそれに対して、「宣教師が信長に多額の資金援助をしていたという肝心の点については、史料的根拠を全く示していない」と批判の矢を向ける。

川村氏はさらに突っ込んで、「信長とイエズス会の財政的密約が事実だと主張するなら、少なくともイエズス会の財政体系、実際に供出できる援助の規模、それが信長の全国制覇を遂行させるに足るものであったことを立証しなければならない」とも指摘している。

川村氏が指摘するように、立花説の論証方法は疑問が多い。イエズス会の信長への財政的援助について、日本側の史料である『信長公記』などにいっさい記述されていないと認め、同様にフロイスの『日本史』にも明白に述べた箇所は見当たらないと認めながら、それは「秘中の秘」であったから書かれなかったとするのは、あまりにご都合主義である。

さらにそこから、立花氏は「確かな史料的根拠が得られていないが、以上の考察から、信長は南欧勢力から援助を受けて全国制覇を遂行していた、との新大命題はほぼ傍証できるのではないかと私は確信している」という結論を導き出す。しかし、史料的根拠がないのに、なぜ論証できたことになるのか、いささか不可解な論証方法だといわざるをえない。

なお、イエズス会の財政について付言すれば、すでに高瀬弘一郎氏や高橋裕史氏がふれている。それらを要約すれば、信長時代の年間経費は信者数の増加につれてしだいに増加したが、それでも、本能寺の変の前年の天正九年（一五八一）で八千クルザードほど（金換算で二千両弱）にすぎない。またイエズス会の生糸貿易にしても、同会日本支部が財政の独立採算を強いられたために必要に迫られて行ったもので、年間取引金額もせいぜい四千クルザード（金一千両）と少量である。この程度の財政規模の団体が天下人の信長に軍事支援をするというのは、本末転倒ではないだろうか。

もうひとつ別の視点から、イエズス会が黒幕どころか、被害者だったことがわかる具体的な事例を指摘しておきたい。

安土教会には、同会の日本準管区のナンバー2で都教会長を兼ねたオルガンティーノをはじめ、パードレ（司祭）が二人と、イルマン（修道士）四人が駐在していた。ところが、本能寺の変の報が伝わると、安土に明智軍が襲来してくるのは明らかだったので、琵琶湖に浮かぶ沖島に避難することに決した。

六月三日朝、オルガンティーノをはじめ宣教師と信者二十八人は日本人に変装して目的地に向かったが、途中で追いはぎにあい、聖書や服などを奪われた。船でようやく沖島に着いたものの、今度は漁民たちが湖賊の正体を顕（あらわ）し、彼らを監禁してしまう。

同行した信者のなかに、たまたま光秀と昵懇の間柄にある甥がいたので、その甥に頼んで救出してもらったが、そのかわりに坂本城に連行された。そして光秀の小姓から、ジュスト右近こと高山重友（摂津高槻城主）が味方になるよう説得することを依頼されたので、オルガンティーノは日本語とポルトガル語で二通の手紙を書いた。日本語の手紙は依頼どおりの内容だったが、ポルトガル語のほうには暴君光秀に絶対仕えないようにという趣旨を書いたという。

このいきさつから、立花説は、オルガンティーノらの宣教師が明智一族と親しかったとしながらも、高山重友が光秀と同一行動をとらないように暗躍したとするのである。要するに、イエズス会は信長打倒のために光秀を利用はするが、目的さえ達すれば、その勝利は望まなかったという結論を導きたいのだろうか。

しかし、オルガンティーノら宣教師たちは明らかに本能寺の変の被害者である。追いはぎや湖賊に財産を奪われ、生命の危険にもさらされている。その窮地から是が非でも脱するためにはワラにもすがる思いでいたに相違なく、勝者の光秀と親しい信者がいたら、ひと肌脱いでもらおうと考えるのは当然である。そこには命が助かりたいという一心があるだけでなんの作為も策略もない。

ところが、立花説にかかると、オルガンティーノらは故意に光秀とジュスト右近を離間させるために暗躍したことになってしまう。それでは、彼らが受けた苦難も不幸な偶然ではなく、まわりくどく仕組まれた作為だったことになるのではないか。

彼らイエズス会は、信長から多大の恩恵を蒙った受益者である。とくに安土城下にセミナリオの建設を許されるなど信長から厚く庇護された。だから、恩人の信長を打倒した光秀にすぐ従おうとしないのは当然だし、また同じキリシタンであるジュスト右近に光秀に味方しないようにひそかに助言したのも、謀叛という非道徳的な行為に加担することは身の破滅につながるという、彼らの教義上の倫理観から出たものと考えたほうが自然である。

『日本史』にも「我らは真実に惹起（じゃっき）した事柄を正確に知らずにいたし、それに異国人であったので、自分たちはいかにすべきか、なおさら判りはしなかった」とあり、本能寺の変に遭遇した宣教師たちが混乱と動揺の極にあったことがわかる。

それに、オルガンティーノはイエズス会日本準管区のナンバー2であり、畿内駐在の宣教師の代表者でもある。彼の行動からみて、事前に本能寺の変の決行を知っていたとはとうてい思えない。イエズス会が本能寺の変の黒幕であるなら、彼が事前に何も知らないのはおかしいのではないか。立花説はこのような素朴な疑問に答えてくれそうもない。

光秀最後の書状が意味するもの

光秀の謀叛は、安土城占領までは比較的順調に進展しているようにみえた。しかし、組下の細川藤孝父子も筒井順慶も日和見（ひよりみ）したまま味方になろうとしなかった。その間に備中で毛利方と対陣していたはずの羽柴秀吉が早くも東上してくるという噂が流れてきた。光秀は美濃平定を断念して、兵を返さざるをえなくなった。

六月九日、入京した光秀はそのまま洛南の下鳥羽に陣をかまえた。鳥羽街道をそのまま南下すると、淀・洞ヶ峠を経由して河内に向かう。『多聞院』同日条に「今日河州へ筒　衆（筒井順慶勢）打ち廻しあるべき由沙汰の処、俄に延引云々」とあることから、当初、光秀は洞ヶ峠あたりで筒井勢と合流して河内に侵攻する予定だったと思われる。

ところが、順慶は出陣しないで郡山城に塩・米を搬入して籠城支度を始めたのである。光秀はそれを知ってか知らずか、翌十日、洞ヶ峠にいたったが、筒井勢がこないのと羽柴勢の東上が確実になったことを知り、それに備えるために淀に移って城普請を始めた。

六月十二日、山崎合戦の前日である。この日、光秀は淀か御坊塚に本陣を置いていたと思われるが、雑賀衆の土橋平尉に宛てて書状を出している。現存する光秀書状のなかで、おそらく最後のものである。重要な内容を含むので全文を掲げる（『信長文書』七二〇号、傍線著者）。

尚以て、急度御入洛の義、御馳走肝要に候、委細上意として、仰せ出さるべく候条、巨細に能わず候、

仰せの如く未だ申し通じず候処に、上意馳走申し付けらるるに付きて、示し給い快然に候、然して御入洛の事、即ち御請け申し上げ候、其意を得られ、御馳走肝要に候事、

一、其の国（紀伊）の儀、御入魂あるべきの旨、珍重に候、いよいよ其意を得られ、申し談ずべく候事、

一、高野・根来・其元の衆相談ぜられ、泉（和泉）・河（河内）表に至って御出勢尤もに候、知行等の儀、年寄国

を以て申し談じ、後々まで互いに入魂遁（のが）れ難き様、相談ずべき事、

一、江州・濃州悉く平均に申し付け、覚悟に任せ候、御気遣あるまじく候、尚使者申すべく候、

恐々謹言、

六月十二日　　　　　　　　光秀（花押）

雑賀五郷

土橋平尉殿

御返報

すでによく知られた書状だが、まず注目すべきは、この光秀書状は土橋平尉への返信として出されていることである。しかも、冒頭に「未だ申し通じず候」とあるように、光秀と平尉の書状のやりとりはこれがはじめてだった。

平尉はすでに述べたように、反信長の強硬派である。この年正月、一度は鈴木孫一派に敗北して湯（ゆ）河（かわ）方面に逃れていたが、本能寺の変が勃発すると、動揺した鈴木孫一が泉州岸和田城に逃れたので、今度は平尉たち土橋派が復活して雑賀衆の主導権を握った。六月五日、毛利方に紀州雑賀から信長の死を伝えているのは、平尉たちであるのはまずまちがいない。

三カ条のひとつ書きがあるが、第一条は紀州惣国一揆（「其の国」）が光秀と入魂になりたいことはめでたいことである。第二条は高野山・根来衆・雑賀衆の三者が談合して、和泉・河内方面に出陣す

るのは結構である。知行などについては惣国の年寄衆が話し合って、のちのちまで互いがうまくまとまるように談合すべきである。第三条が近江・美濃はすべて平定するように命じてある。お気遣いは無用である――という趣旨である。

光秀は平尉が主導する紀州惣国一揆と同盟を結び、彼らが和泉・河内方面に進出することにより、羽柴秀吉や織田信孝らの背後を脅かしてくれることを期待している。また、近江・美濃を平定するように命じたとするが、近江はともかく美濃にはほとんど手がついていないので、第三条は誇大宣伝である。

そして、なにより重要なのは、冒頭と尚々書にある「上意」と「御入洛」という文言である。これは明らかに将軍義昭が上洛する意思があることを意味し、光秀はそれを歓迎して奔走するつもりだと述べている。

光秀が将軍義昭と結ぶ意思を示したことについて、藤田達生氏は「義昭が光秀に指令してクーデターを起こさせて織田政権を転覆させ、あらかじめ協力をとりつけていた反信長勢力を糾合し、みずからの『御入洛』によって幕府機能を復活させること」を企てたと評している。

しかし、光秀と将軍義昭とのあいだに事前謀議があったとするのは早計ではないか。義昭が光秀と組んでクーデターを企てたとすると、毛利氏の存在を抜きに考えられない。ところが、毛利氏はいち早く羽柴秀吉と和睦して、秀吉の「中国大返し」を黙認した。この毛利氏の態度は事実上、光秀に対する利敵行為であり、義昭と毛利氏の足なみが揃っていたとはとうてい思えない。足許の毛利氏との意思統一もできないのに、敵対陣営にいる他者（光秀）との謀議など絵空事であろう。

右の光秀書状も、義昭の意思が毛利氏ではなく、雑賀衆の土橋氏を介して光秀に伝えられたことを示している。もし別ルートで光秀に毛利氏からの接触があったなら、土橋氏を奮励して取り込むために、そのことを強調するはずだろう。その類の文言がないのは、上洛を望む義昭が毛利氏の協力拒絶にあったため、しかたなく土橋氏を通じてしか光秀にコンタクトできなかったと考えざるをえない。

換言すれば、光秀は政変前はむろん、政変後もしばらくは義昭と結ぶ意思がなかったのである。すでに苦境に立っていた六月九日に細川父子に宛てた有名な自筆覚書でも義昭のことはひと言も出てこない。細川藤孝や筒井順慶らが味方にならないことがわかり、形勢不利となった十二日になって、光秀はようやく義昭との同盟を策したのであるが、すでに手遅れだったとしかいいようがない。

もし光秀が義昭の命令を奉じていたなら、最初からそのことを細川・筒井両氏などにも広く宣伝すればよい。主君弑逆（しいぎゃく）という謀叛行為を正当化し、多くの味方を糾合するのにもっともふさわしい旗幟（きし）だからである。

また、備後にいる義昭の上洛に時間がかかるなら、代替手段もないわけではなかった。義昭には男子（のち義尋（ぎじん）、高山（こうざん））がおり、信長に庇護されていた。元亀三年（一五七二）生まれだから、十一歳になっている。この男子をとりあえず義昭の名代として擁立するという方法もあったが、光秀は一顧だにしていない。

だから、光秀は最初から義昭を担ぐつもりなどなかったと結論づけるしかない。史料にもそれを裏付ける記述がある。

たとえば、『信長公記』には、光秀が謀叛前夜、斎藤利三ら四人の宿老と談合して「信長を討果し、天下の主となるべき調儀(ちょうぎ)を究め」たとある。『日本年報』にも「明智は(中略)日本王国の主となるを得ざるか試みんと欲した」とある。『川角太閤記』にも六月一日未明、明智軍が桂川を渡って本能寺に向かうとき、「今日よりして、天下様に御成りなされ候間、下々草履取以下に至るまで勇み悦び候へ」という陣触(じんぶれ)があったという。これらから、やはり光秀は信長に代わって、みずから天下人になろうと企てたとしか考えられないのである。

光秀が細川父子に宛てた書状に「五十日百日の内には、近国の儀相堅め候」という政変後の見通しを述べた一節がある(『細川文書』)。光秀は二、三カ月のあいだに畿内を平定すれば、その既成事実によって謀叛という負的行為を反転させ、いずれ天下人になる道が開けるという漠然とした成算をもっていたのだろう。それはむろん、羽柴秀吉・柴田勝家らのライバルが遠国で敵対大名に拘束されて容易に畿内に反転できないだろうという戦略的な前提にもとづくものだったにちがいない。

だから、光秀は義昭との連携にあまり関心がなかったのである。それが一転して連携を探る気になったのは、みずからの不利・孤立を強く意識し、その打開策を求めざるをえなくなったからとしか考えられない。その意味で、光秀にとっては義昭との連携は大きな政治的後退であり、不本意な妥協策だったのである。だが、光秀にはその妥協策さえ講じる時間的猶予が与えられず、結局、破滅の道をたどるしかなかったのである。

終　章　本能寺の変とは何だったのか

光秀と利三を謀叛に駆りたてたもの

本能寺の変は決して劇的なものではなかった。黒幕もいなければ、光秀がなんらかの大義名分を振りかざした義戦でもなかった。しかも、光秀自身が「我等不慮の儀」と細川父子に述べたように、唐突に実行された政変だった。

現存する史料のなかで、光秀がみずから政変について語った肉声は少ない。おそらく相当数の光秀書状が抹殺されたせいだろう。数少ないうちのひとつは美濃の国人西尾光教に「(信長)父子悪逆・天下の妨げ討ち果たし候」と述べたもの(『武家事紀』巻三十五)。もうひとつは細川父子に政変を起こしたのは「忠興など取り立て申すべきとての儀」だと釈明したことくらいである。

後者は細川父子を味方につけるためのリップサービスであろう。前者は信長の非道をあげてはいるが、謀叛を正当化しようとすれば、打倒対象を悪と定義するのはむしろ当たり前である。しかし、「悪逆」や「天下の妨げ」が何を指すのか、すこしも具体的ではない。

光秀の真意を探り当てるのはなかなか難しい。そのような史料的制約による困難がともなうなかで、本書ではまず、本能寺の変の政治的な背景に織田権力による四国政策のドラスティックな転換があったことを具体的に指摘した。それは天正八年（一五八〇）を画期として成立した信長の統一権力を遂行する権力編成と分国再配置に深くかかわっていたといえる。その焦点は長宗我部氏の切り捨てと三男信孝の処遇にあった。

すなわち、天正三年以来、四国制覇をめざす長宗我部元親に対する放任政策から一転して、三男信孝の四国配置を実現するために四国国分令が発せられたのである。それは信孝を三好康長の養子にして四国東半を分国化するものであり、長宗我部氏との対立をより先鋭化することになった。

信長が四国政策を転換した背景には、第一に、秀吉による瀬戸内東半の制海権確保と毛利水軍の弱体化が図られたために、対毛利の牽制勢力としての長宗我部氏の利用価値が減じたことがある。第二に、本願寺降伏後の分国再編成の一環として、信長が三男信孝を三好康長の養子とすることで一門領を上方周辺に新たに設置し、信長の専制性をよりいっそう強化する基盤を創出しようとしたことである。そして、この二つは密接に関連していた。

その政策転換は同時に、長宗我部氏の取次役だった光秀と明智家中にも大きな影響を与えることになった。光秀は四国政策から全面的に排除され、光秀の果たす役割が大きく減退しただけでなく、織田権力内での地位の低下に直結しかねなかった。

一方、長宗我部元親は天正三年（一五七五）の「四国の儀は元親手柄次第」という信長朱印状以来、四国平定をめざし、同八年冬の時点でも、秀吉宛て書状でみたように、阿波・讃岐の平定を条件に織田権力の西国攻めに全面協力する態度を表明していた。光秀もまた、その四国政策の展望に立って、自身の政治基盤を強化しようとしていた。

ところが、同十年五月、信孝宛ての信長朱印状による四国国分令により、元親と光秀は大きな政治的打撃を蒙ることになった。

また、長宗我部氏が信長に服属して以来、明智と長宗我部の両家中にまたがって、斎藤・石谷・蜷川の三家を中心とし、斎藤利三を首魁（しゅかい）とする親長宗我部勢力が強固に形成されていた。利三は元親の義兄でもあった。

同九年から織田権力と長宗我部氏の関係が悪化するにつれて、この勢力は反信長志向をしだいに強めた。それは翌十年五月七日、信孝に宛てた四国国分令によって長宗我部氏の既得権益がすべて否定されたばかりか、改易さえ想定される内容だったことで決定的になった。

追い討ちをかけるように、利三の身上にも危機が訪れた。利三（と那波直治）がかつて稲葉家を退散した一件が蒸し返されて、稲葉家と明智家のあいだで訴訟沙汰となり、その結果、信長が稲葉方に有利な裁定を下したうえに、一度は利三に自刃を命じたことから、利三は長宗我部氏問題と自身の身上という二重の利害関係により、信長打倒に積極的に関与する決定的な動機を形成したといえよう。

両家中にまたがる反信長勢力は、信長の四国国分令によっても分裂せず、むしろ結束を強めたと思われる。その過程で利三の主導権が強化され、光秀の叛意形成にも重大な作用を与えたとさえ考えられる。『言経』が利三を指して「今度謀叛随一也」と述べているのもそれを裏付けているのではないか。

もっとも、光秀とその家中が謀叛に傾いたとしても、天下人であり安土城という堅固な城郭にいるかぎりは、謀叛は不可能だった。では、光秀がクーデターを決断した時期はいつだったのか。その回答を示してくれたのが、第五章で取り上げた新発見の光秀書状である。

五月二十八日の愛宕百韻当日に山陰の国人に宛てた書状のなかで、光秀は信長の命で中国に出陣することを明言している。すなわち、謀叛のわずか三日前になっても、光秀はまだ決断していなかったことが明らかになった。光秀が決断したのは、翌二十九日、信長がわずかな供廻で上洛して本能寺に入ったことがわかってからであろう。

この点については、すでにイエズス会の『日本年報』『日本史』にも明記され、古くは徳富蘇峰も言及していたのに、あまりに自明すぎたためか、これまでほとんど顧みられなかった。光秀の叛意形成と実際のクーデター決行の決断にはタイムラグがあったことを、光秀自身の書状によって明らかにできたと考えている。

以上述べたように、私は光秀謀叛の動機形成を、信長の四国政策の転換（長宗我部氏の改易）と利三の帰属をめぐる家中統制への不満に求めた。この二つは別個の問題ではなく、おそらく織田権力に内在する矛盾として深く通じ合っているのではないかという感触をもっているものの、現時点では今後の課題とせざるをえない。

大まかに素描(そびょう)すれば、統一権力形成期において、統一権力（信長）とそのもとに編成されようとしている個別大名権力（光秀）との関係性における過渡的な対立・矛盾である。

信長が「天下」や「武篇道」を振りかざして統一権力の優位とそれへの絶対的服従を要求するのに対して、後者は相対的独立性をなるべく確保しようとした過渡期特有の軋轢(あつれき)の表面化ではないかと思う。とくに明智・長宗我部の両家中の結びつきは、取次の役割を超えており、織田権力の家臣団統制や戦国大名編成のあり方から逸脱する傾向をもっていたのではないだろうか。また、利三の帰属問題が紛糾したのは、大名家臣団の編成において上位権力である信長の介入・干渉をなるべく排除しようとする下からの反発だったように思える。

戦国・織豊期の反逆類型と本能寺の変

最後に、本能寺の変を戦国、織豊期に起きたほかの反逆や謀叛と比較してみよう。その異同のなかに、本能寺の変の性格を見出せるかもしれない。

戦国時代から織豊期にかけて、多くの反逆や謀叛があった。いわゆる下剋上である。しかし、下剋上が言葉のとおり、戦国時代の身分秩序を崩壊させて、より下の者が上にのし上がったかといえば、必ずしもそうではない。あくまで限定的、一時的なものであり、むしろ擬制的に身分秩序を回復しようとする動きのほうが強かった。

たとえば、陶晴賢の謀叛は大内義隆を攻め滅ぼしたものの、その猶子である大内義長（大友宗麟の弟）を主君の座に迎え入れている。三好三人衆と松永久秀の将軍義輝弑逆にしても同様で、のちに久秀と対立した三好三人衆が政権の正統性を示すために、阿波に在国していた足利義栄を次の将軍に迎え入れている。

このようにみると、下剋上の動きは限定的で不徹底なものに終わっており、謀叛を起こした勢力も謀叛の衝撃を弱めるためか、旧来の身分秩序を維持するという姿勢をみせないと、おおかたの支持を得られず、政権奪取の正統性を担保できなかったことを示している。

では、信長はどうであろうか。尾張時代、守護の斯波義統が老臣の坂井大膳に暗殺されたとき、信長は義統の子義銀を庇護して守護家を尊重する態度を示している。その後、義銀は今川氏に内通して信長打倒を図るが、信長は義銀を殺害せずに尾張から追放するだけにとどめている。「武衛」と称された武家の名門を弑逆することで反逆の悪評が立つのを避けたためだろう。

上洛してからの信長はみずから擁立した将軍義昭を追放した。これも一種の謀叛である。しかし、信長は義昭の生命を奪うことまではしなかった。三好三人衆・松永久秀や光秀とは異なる態度である。まずその違いが大きい。

さらに信長は、元亀元年（一五七三）に義昭から「天下の儀」を委任されるという契約を結んでいたことを理由に、自分に合法的な天下仕置権があることを強調した。その前提には、朝廷・公家衆や寺社権門をはじめ京都近国の政務は実質的に信長が管轄していたという既成事実もあった。

信長はそのうえで、義昭に十七カ条の異見書を突きつけた。とくにその第一条は義昭が「御内裏の儀」（朝廷への奉仕）を「懈怠（けたい）」したとあり、将軍とは別の天皇権威を援用して義昭の不手際を批判するという功妙な方法をとった。そうしておいてから、信長は義昭が「悪しき公方」に成り下がったという、いわば「公儀失格」の論理で義昭失脚を正当化して追放に成功した。

信長のやり方を『信長公記』は「公方様御謀叛」と呼び、幕臣だった細川藤孝も「公儀御逆心」と述べ、上下関係が逆転した表現をとっているのが興味深い。信長はそれでも将軍追放の悪名が出ることを恐れたのか、念入りにも一度は義昭と和睦し、その一子（のち義尋）を擁立するかのようにみせている。このことは信長が下剋上では世間の支持を得られないという認識をもっていたことを示している。

ところで、信長の家来にも反逆者はいた。それも松永久秀も荒木村重という国持大名クラスである。久秀は将軍義昭や本願寺・上杉謙信と結び、村重は本願寺や将軍義昭・毛利輝元と結ぶという共通性がある。これは両者が単独で信長に対抗できないばかりか、反逆の大義名分を得るためにも外部の勢力や権威に頼る必要があったことを示している。

また反逆者ではないが、信長に追放された家臣もいる。佐久間信盛・林秀貞などの譜代重臣である。

彼らは代々織田家に仕える古くからの被官だったせいか、信長の苛酷な命令にも唯々諾々と従い、反逆するそぶりさえみせていない。中世の社会通念では、武家の譜代衆は主人と生死をともにする献身が要求され、その命には絶対服従することを強制されていた。だから、信盛や秀貞には反逆という発想そのものがなかったのかもしれない。

一方、外様や新参の家来は譜代衆と異なり、いつでも主人のもとを離れる去就の自由が認められていたという。本願寺の変のとき、信長の家来に奥州出身で馬の名手で知られた矢代勝介という者がいた。『甫庵信長記』によれば、明智軍との戦いの渦中、同輩たちが矢代に「汝は他に異なり、退けかし」と、新参だから立ち去るよう呼びかけたが、矢代は聞かずに戦って討死している。これは新参衆が主人と運命をともにする必要がなかったことを示す事例である。

久秀・村重そして光秀は外様の家来だった。やはり外様ゆえにドライな主従観念が反逆・謀叛のハードルを低くしたという共通点はありそうである。その一方で、久秀や村重は居城に籠城したものの、信長本人を直接打倒しようという行動には出ていない（久秀の将軍義輝暗殺への関与については複雑な事情があり、別に論じる必要がある）。その点では光秀と行動様式が異なる。武家の一分で主人の命令に背くことはあっても、主人を弑逆するのは倫理上の禁忌として避けるという観念が二人にはあったのではないだろうか。

この二人の行動と対比すれば、光秀の謀叛は大胆で特異だといわねばならない。光秀の謀叛を稀有で特殊なケースだとするのか、当時の時代背景から蓋然的にありえたとするか、私には答える用意がない。

ただ、政変があまりに突然だったせいか、光秀は傀儡的権威も擁立せず、織田権力の枠組みや家中の秩序を破壊したままで、その再構築に手をつけなかった。そのことは、光秀が信長に代わって天下人になろうとした意思を示している。光秀は信長が将軍義昭を追放した先例に倣(なら)ったつもりだったのかもしれない。

それにしても、光秀はみずからの謀叛によって生じた統一権力中枢の空白＝天下人の不在を自身で代位するだけの意思と能力をもちえていると自覚していたのであろうか。右に述べたように、信長は将軍義昭を追放するにあたって、謀叛の悪名を浴びないために、朝廷を援用して大義名分を確保するなど念入りな事前工作をしている。光秀のやり方はそれとはあまりに対照的である。政権奪取の正統性を訴求するにはあまりに杜撰かつ粗雑であり、信長のやり方を学習したとはとても思えない。光秀が組下大名からさえ支持されなかった理由もそこにあったといえよう。

光秀が信長の地位に取って代わるには、自分の実力だけでは不十分で、組下大名をはじめ織田家臣団の相当部分からの支持を調達して自己権力に再編成することが不可欠であり、同時に反対者を排除・屈服させるだけの軍事能力も要求された。しかし、政変から数日後に早くも光秀はその力量がないことを痛感せざるをえなくなった。光秀は自身の政治的地位と生命を維持するために方針転換して、ようやく将軍義昭との連携を模索しようとしたが、時すでに遅かったのである。

光秀は謀叛によって信長打倒という目的は達成できたものの、同時にそれによって生じた謀叛以上の課題や困難に直面し、結局、それらを跳ね返すことができなかったのである。

おわりに

本能寺の変を調べはじめてから、かれこれ十五年になる。その間、二点の関連著作を刊行したが、一点目は議論の枠組み自体に無理があり、二点目は四国問題を提起したものの、論証の不十分な面があった。

今回は二点目の弱点を相当補うとともに、四国問題を織田方と長宗我部方の双方から検討し、両者のあいだに挟まれた明智家中が信長の四国国分令によって政治的な打撃を蒙る理由を、本能寺の変との関連でより内在的に明らかにできたのではないかと思っている。また光秀文書の新史料を紹介して、光秀の叛意形成と実際の政変決断までにはタイムラグがあったのではないかという新たな視点も提起してみた。

それでも、まだまだ不十分な点があることも自覚している。ひとつは本能寺の変がその後の豊臣政権成立にどのような影響を与えたのかという視点である。秀吉は主筋の織田家を克服するという課題に直面した。そのさい、秀吉は信長が将軍義昭を克服するのにそうしたように、官位を戦略的に利用した。秀吉はその後も官位戦略への依存を強め、ついには近世武家官位制への道をひらく。そのような意味で、本能寺の変が秀吉の立ち位置にどのように作用したのか、織田権力から豊臣政権への移行にどのような意義をもったのかについてもふれたかったが、政変の背景や要因の検証だけで紙数が尽きてしまい、今回は断念せざるをえなかった。次の課題としたい。

本書はここ数年温めていた構想を難産の末、なんとか具体化できたものである。新しい史料が見つかるたびに構想に修正を加えたり、書きなおしたりを何度かくりかえした。その間、思い悩む著者に何度となく教示や助言を与えてくれたのが、畏友の和田裕弘氏である。この場を借りて、謹んで感謝の辞を捧げたい。

本書はほかにも多くの方の力に拠っている。著者に研究の意味をはじめて考えさせてくれた堀新氏をはじめとする『晴豊公記』輪読会のみなさん、何度か貴重な助言をいただいた谷口克広氏、土佐の長宗我部氏の関係史料や論文をご教示いただいた朝倉慶景氏、上賀茂社史料について便宜を図っていただいた長塚孝氏などにも、お礼申し上げたい。

そして最後に、私の愚にもつかぬ言い訳を何度も聴いてくれ、おそらくはイライラしながらも、一年以上辛抱強く見守ってくれたＰＨＰ研究所の林知輝さんにもお礼申し上げます。

信長・光秀・利三の命日から四一五年の正月に

著　者　識

参考文献

【史料】

『秋の特別展　四国の戦国群像——元親の時代』（図録、高知県立歴史民俗資料館、一九九四年）
『明智軍記』（二木謙一監修、新人物往来社）
『阿波國徴古雑抄』（小杉榲邨編、臨川書店）
『阿波誌』（佐野之憲編、笠井藍水訳、歴史図書社）
『阿波の中世文書』（徳島県文化財基礎調査報告第五集、徳島県教育委員会、一九八二年）
『安西軍策』巻第五（『改定史籍集覧』第七冊、近藤活版所）
『イエズス会日本年報』上（村上直次郎訳、雄松堂書店）
『家忠日記』（増補続史料大成、竹内理三編、臨川書店）
『己行記』（『日蓮宗宗学全書』第十九巻、立正大学日蓮教学研究所編、日蓮宗宗学全書刊行会）
『稲葉家譜』（東京大学史料編纂所架蔵、謄写本）
『稲葉家　御家系典』（岐阜県立図書館所蔵）
『今井宗久茶湯抜書』（『茶道古典全集』第十巻、淡交社）
『上杉家文書』一～三（大日本古文書家わけ第十二、東京帝国大学）
『氏郷とその時代——蒲生氏郷基礎資料集成』（福島県立博物館調査研究報告第三八集、福島県立博物館編集・発行、

二〇〇二年）
『宇野主水日記』鷺森日記（『石山本願寺日記』下巻、清文堂出版）
『永源師檀紀年録並付録』（正伝永源院蔵本、今谷明監修、阿波郷土会編集・発行）
『翁草』一（神沢貞幹著、歴史図書社）
『織田軍記』（遠山信春筆『通俗日本全史』早稲田大学出版部）
『覚上公御書集』上（東京大学文学部原本所蔵、臨川書店）
『兼見卿記』第一・二（史料纂集、斎木一馬ほか校訂、続群書類従完成会）
『華頂要略』（『大日本仏教全書』一二九、仏書刊行会）
『鹿児島県史料　旧記雑録後編一』（鹿児島県維新史料編さん所編、鹿児島県）
『賀茂別雷神社文書』第一（奥野高広・岩澤愿彦校訂、続群書類従完成会）
「川角太閤記」（桑田忠親校注『太閤史料集』人物往来社）
『寛永諸家系図伝』第九（続群書類従完成会）
『干城録』七（内閣文庫所蔵史籍叢刊、第六三巻、福井保解題、汲古書院）
『紀伊続風土記』第三輯（臨川書店復刻）
『木津町史』本文篇（木津町）
『吉川家文書之二』（大日本古文書家わけ第九、東京帝国大学）
「岐阜県古文書類纂」四、斎藤氏系図（『大日本史料』第十一編之一、東京大学出版会）
『岐阜県史』史料編（古代中世補遺、岐阜県編集・発行）
「宮司引付」（『三重県史』資料編・中世1下・別冊、三重県）
『公卿補任』第三篇（新訂増補国史大系、黒板勝美編輯、吉川弘文館）

『黒田家文書』第一巻（福岡市博物館編纂発行）
『群馬県史』資料編7（中世3、群馬県）
「惟任謀叛記」（『天正記』所収、『太閤史料集』、人物往来社）
『史跡　黒井城跡――保存管理計画策定報告書』（兵庫県春日町）
『島津家文書』一～三（大日本古文書家わけ第十六、東京大学出版会）
『十六・七世紀イエズス会日本報告集』第Ⅲ期5・6巻（松田毅一監訳、同朋舎出版）
『縮刷　江源武鑑』（佐々木氏郷編著、弘文堂書店）
「神宮文庫所蔵文書」（『三重県史』資料編・中世1下、三重県編集発行）
『新修　亀岡市史』資料編第二巻（亀岡市史編さん委員会編、亀岡市）
「真静寺所蔵文書」（『高知県史』古代中世史料編、高知県）
『信長公記』（奥野高広・岩澤愿彦校注、角川書店）
『新編　弘前市史』資料編1（同編纂委員会、弘前市）
『戦国遺文』後北条氏編・第三巻（杉山博・下山治久編、東京堂出版）
「宗及茶湯日記他会記」（千宗室編『茶道古典全集』七、淡交新社）
『増訂　織田信長文書の研究』上・下・補遺（奥野高広、吉川弘文館）
『続史愚抄』中篇（新訂増補国史大系大十四巻、吉川弘文館）
『続本朝通鑑』（林忠・林恕共撰、国書刊行会）
『太閤記』（小瀬甫庵著、桑田忠親校訂、新人物往来社）
『太閤書信』（桑田忠親、東洋書院）
『大日本史料』第十一編之一、二（東京大学史料編纂所編、東京大学出版会）

「立石区有文書」（『福井県史』資料編8、中・近世六、福井県）
「立入左京亮入道隆佐記」（『続群書類従』第二十輯上、続群書類従完成会）
『土佐國紀事略編年』（『土佐國群書類従』巻四、高知県立図書館）
『土佐軍記』（『土佐國群書類従』巻四、高知県立図書館）
『長元物語』（『土佐國群書類従』巻四、高知県立図書館）
『長宗我部譜』（『改訂史籍集覧』第十五冊、近藤活版所）
「津田譜愚考」（富田景周筆、加越能文庫所蔵、史料番号一六二一―三三九五）
『天下統一と城』図録（国立歴史民俗博物館編集、読売新聞社）
『土佐物語』一（黒川真道編、国史研究会）
『豊臣秀吉文書目録』（三鬼清一郎編、名古屋大学文学部国史研究室、一九八九年）
『中川家文書』（神戸大学文学部日本史研究室編、臨川書店）
『南海通記』（『四国史料集』山本大校注、人物往来社）
『蜷川家古文書』（『史籍雑纂』第三、国書刊行会編、続群書類従完成会）
『蜷川家文書之四』（大日本古文書家わけ第二十一、東京大学出版会）
『日本巡察記』（ヴァリニャーノ筆、松田毅一・佐久間正編訳、桃源社）
『日本書蹟大鑑』第十一巻（小松茂美編、講談社）
『畠山家文書集』（羽曳野資料叢書第三巻、川岡勉編、羽曳野市）
『蜂須賀家家臣成立書並系図』（徳島大学附属図書館所蔵）
「藩中古文書」（『紀伊国和歌山本居家旧蔵紀伊続風土記編纂史料』国文学研究資料館所蔵、所蔵番号2SJ―55）
「人見文書」（『歴史誕生』六、七五ページ写真版、NHK歴史誕生取材班編、角川書店）

『兵庫県史』史料編・中世三（兵庫県）
「平木屋文書」（『増訂加能古文書』日置謙編、松本三都正増訂、名著出版）
『武家事紀』中巻（山鹿素行、原書房）
『福智院家古文書』（花園大学福智院家文書研究会編、花園大学）
「福屋金吾旧記文書」（『阿波国古文書』三、東京大学史料編纂所架蔵、謄写本）
『フロイス日本史5』畿内篇Ⅲ（松田毅一・川崎桃太訳、中央公論社）
『別所長治記』（『群書類従』第二十一輯、続群書類従完成会）
『別本川角太閤記』（『大日本史料』第十一編之一、東京大学出版会）
『北条五代記』（『通俗日本全史』第十五巻、早稲田大学出版部）
『細川文書』（『大日本史料』第十一編之一、東京大学出版会）
『本城惣右衛門覚書』（天理図書館報『ビブリア』五七号、天理大学出版部）
『美濃国諸家系譜』（斎藤一流『大日本史料』第十一編之一、東京大学出版会）
『美濃明細記・美濃雑事紀』合本（大衆書房）
『三好家成立之事』（『群書類従』第二十一輯、続群書類従完成会）
『昔阿波物語』（『四国史料集』山本大校注、人物往来社）
『綿考輯録』第一巻・藤孝公（出水叢書1、石田晴男ほか編、汲古書院）
『毛利家文書』一〜四（大日本古文書家わけ第八、東京帝国大学）
『元親記』（『土佐國群書類従』巻四、高知県立図書館）
『山形市史』史料編一・最上氏関係史料（山形市市史編さん委員会・山形市市史編集委員会編、山形市）
『山口県史』史料編・中世2（山口県編集発行）

「吉田文書」（東京大学史料編纂所架蔵、史料請求番号3071―76―25）
『利休大事典』（千宗左ほか監修、淡交社）
「柳営婦女伝系」巻八（『徳川諸家系譜』第一、続群書類従完成会）
『歴代古案』第四（羽下徳彦ほか校訂、続群書類従完成会）
『連歌合集四十二』（国会図書館所蔵）
『蓮成院記録』（『多聞院日記』五　所収、臨川書店）
『和歌山市史』第四巻、古代・中世史料（和歌山市史編纂委員会、和歌山市）
「渡邊助充覚書」（「藤井氏旧蔵文書」、『古文書聚粋』、古文書を読む会編）

【論著】

■はじめに

川村信三「専門歴史書がつまらない理由――立花京子著『信長と十字架』から考える」（『カトリック生活』二〇〇四年九月号）
桐野作人『信長謀殺の謎』（ファラオ企画、一九九二年）
同『真説　本能寺』（学研M文庫、二〇〇一年）
桑田忠親『明智光秀』（講談社文庫、一九八三年）
鈴木眞哉・藤本正行『信長は謀略で殺されたのか――本能寺の変・謀略説を嗤う』（洋泉社・新書y、二〇〇六年）
高柳光寿『明智光秀』（人物叢書、吉川弘文館、一九五八年）
立花京子『信長権力と朝廷』第二版（岩田書院、二〇〇二年）
同『信長と十字架』（集英社新書、二〇〇四年）

徳富猪一郎『近世日本国民史』三・織田氏時代篇（時事通信社出版局、一九六三年）
藤田達生『謎とき本能寺の変』（講談社現代新書、二〇〇三年）

■第一章

芥川龍男「戦国武将と鷹」（『豊田武博士古稀記念　日本中世の政治と文化』吉川弘文館、一九八〇年）
朝尾直弘『大系日本の歴史』8　天下一統（小学館、一九八八年）
同『将軍権力の創出』（岩波書店、一九九四年）
粟野俊之『織豊政権と東国大名』（吉川弘文館、二〇〇一年）
石母田正「解説」（『中世政治社会思想』上、岩波書店、一九七二年）
小和田哲男『明智光秀――つくられた「謀反人」』（ＰＨＰ新書、一九九八年）
神田千里『信長と石山合戦――中世の信仰と一揆――』（吉川弘文館、一九九五年）
久保健一郎「移行期公儀論の前提」（『歴史評論』六四〇号、二〇〇三年）
黒田基樹「天正期の甲・相関係」（『戦国大名と外様国衆』文献出版、一九九七年）
小林保夫「紀州『惣国』小論」（『日本国家の史的特質』近世・近代、思文閣出版、一九九五年）
小山靖憲「雑賀衆と根来衆」（熱田公研究代表『根来寺に関する総合的研究』、昭和五七年度科学研究費補助金〈総合研究Ａ〉研究成果報告書、一九八三年）
高柳光寿『明智光秀』（人物叢書、吉川弘文館、一九五八年）
武内善信「雑賀一揆と雑賀一向一揆」（大阪真宗史研究会編『真宗教団の構造と地域社会』清文堂出版、二〇〇五年）
谷口克広『織田信長家臣人名辞典』（吉川弘文館、一九九五年）
同『信長の親衛隊』（中公新書、一九九八年）

長谷川成一『近世国家と東北大名』(吉川弘文館、一九九八年)
藤井讓治「『公儀』国家の形成」(『幕藩領主の権力構造』岩波書店、二〇〇二年)
堀　新「朝尾直弘氏の将軍権力論をめぐって」(日本史研究会・八月例会「朝尾直弘氏と近世史研究の歩み」レジュメ、二〇〇五年)
松尾良隆「天正八年の大和指出と一国破城について」(藤木久志編『織田政権の研究』吉川弘文館、一九八五年)
盛本昌広『松平家忠日記』(角川書店、一九九九年)

■第二章

秋澤　繁「織豊期長宗我部氏の一側面――土佐一条家との関係(御所体制)をめぐって」(『土佐史談』二一五号、二〇〇〇年)
朝倉慶景「天正時代初期の土佐一条氏」上(『土佐史談』一六六号、一九八四年)
天野忠幸「三好氏の権力基盤と阿波国人」(『年報　中世史研究』三一号、二〇〇六年)
市村高男「戦国の群雄と土佐国」(『高知県の歴史』山川出版社、二〇〇一年)
奥野高広「茶事二題」(『日本歴史』四〇四号、一九八二年)
勝俣鎮夫「織田信長とその妻妾」(『愛知県史のしおり』資料編11・織豊1、愛知県総務部総務課県史編さん室、二〇〇三年)
桑田忠親『明智光秀』(講談社文庫、一九八三年)
諏訪勝則「織豊政権と三好康長」(『米原正義先生古稀記念論文集　戦国織豊期の政治と文化』続群書類従完成会、一九九三年)
高柳光寿『明智光秀』(人物叢書、吉川弘文館、一九五八年)

田中省造「三好長治の自刃」（『総合学術調査報告　松茂町』徳島県立図書館、一九九一年）
藤木久志『豊臣平和令と戦国社会』（東京大学出版会、一九八五年）
藤田達生『本能寺の変の群像』（雄山閣出版、二〇〇一年）
同『謎とき本能寺の変』（講談社現代新書、二〇〇三年）
同「織田信長の東瀬戸内支配」（『戦国期畿内の政治社会構造』小山靖憲編、和泉書院、二〇〇六年）
堀越祐一「文禄期における豊臣蔵入地――関白秀次蔵入地を中心に」（『国史学』一七七号、二〇〇二年）
ロペス・ガイ著、井手勝美訳『十六世紀キリシタン史上の洗礼志願期』（キリシタン文化シリーズ8、キリシタン文化研究会、一九七三年）

■第三章

石田晴男「守護畠山氏と紀州『惣国一揆』」（『本願寺・一向一揆の研究』戦国大名論集13、吉川弘文館、一九八四年）
桑田忠親『明智光秀』（講談社文庫、一九八三年）
鈴木眞哉『紀州雑賀衆　鈴木一族』（新人物往来社、一九八四年）
染谷光広「本能寺の変の黒幕は足利義昭か」（『別冊歴史読本』〈明智光秀　野望！　本能寺の変〉、一九八九年十一月号）
武内善信「雑賀一向衆列名史料について」（『本願寺史料研究所報』二五号、二〇〇〇年）
同「天正三年の雑賀年寄衆関係史料」（『本願寺史料研究所報』二七号、二〇〇二年）
同「雑賀一揆と雑賀一向一揆」（大阪真宗史研究会編『真宗教団の構造と地域社会』清文堂出版、二〇〇五年）
谷口克広『信長の親衛隊』（中公新書、一九九八年）
野本　亮「試論　長宗我部元親発給文書に関する若干の考察」（『高知県立歴史民俗資料館研究紀要』一一号、二〇〇

一年）
同「長宗我部元親の書状は語る」（『土佐史談』二二〇号、二〇〇二年）
藤田達生『本能寺の変の群像』（雄山閣出版、二〇〇一年）
同『謎とき本能寺の変』（講談社現代新書、二〇〇三年）
堀　新「織豊期王権論――『日本国王』から『中華皇帝』へ」（『人民の歴史学』一四五号、二〇〇〇年）
同「信長・秀吉の国家構想と天皇」（池享編『日本の時代史13　天下統一と朝鮮侵略』吉川弘文館、二〇〇三年）

■第四章

朝倉慶景「長宗我部元親の岳父について」（『土佐史談』二二二号、二〇〇三年）
坂井誠一『遍歴の武家――蜷川氏の歴史的研究』（吉川弘文館、一九六三年）
古田憲司「室町幕府奉公衆石谷氏について」（岐阜県高等学校教育研究会・公民地歴部会『会報』三六号、一九九七年）
和田裕弘「『本城惣右衛門覚書』について」（『真説　本能寺の変』集英社、二〇〇二年）

■第五章

阿部浩一「戦国期東国の暦・私年号に関する一考察――甲斐国『妙法寺記』『王代記』と三島暦を素材として」（『遥かなる中世』一二号、一九九二年）
石崎建治「本能寺の変と上杉景勝――天正十年六月九日付景勝書状」（『日本歴史』六八五号、二〇〇五年）
内田正男編著『日本暦日原典』（雄山閣出版、一九七五年）
川村信三「専門歴史書がつまらない理由――立花京子著『信長と十字架』から考える」（『カトリック生活』二〇〇四

年九月号）
神田　茂編『日本天文史料』上（原書房、一九七八年）
桐野作人『真説　本能寺』（学研M文庫、二〇〇一年）
黒田日出男『王の身体　王の肖像』（平凡社、一九九三年）
高瀬弘一郎『キリシタン時代の研究』（岩波書店、一九七七年）
高橋裕史『イエズス会の世界戦略』（講談社選書メチエ、二〇〇六年）
立花京子「本能寺の変と朝廷」（『古文書研究』三九号、一九九四年）
同『信長権力と朝廷』第二版（岩田書院、二〇〇二年）
同『信長と十字架』（集英社新書、二〇〇四年）
津野倫明「書評　立花京子著『信長権力と朝廷』」（『織豊期研究』三号、二〇〇一年）
橋本政宣『近世公家社会の研究』（吉川弘文館、二〇〇二年）
平山　優『川中島の戦い』下（学研M文庫、二〇〇二年）
藤田達生『謎とき本能寺の変』（講談社現代新書、二〇〇三年）
堀　新「織田信長と絹衣相論――関連史料の整理と検討」（『共立女子大学文芸学部紀要』第五十一集、二〇〇五年）
桃　裕行「京暦と三島暦との日の食違いについて」（同氏『暦法の研究』下、思文閣出版、一九九〇年）
同「宣明暦と見行草」（同氏『暦法の研究』上、思文閣出版、一九九〇年）
山田邦明『謙信公御書集』「解説」（臨川書店、一九九九年）
米原正義『出雲尼子一族』新装版（新人物往来社、一九九六年）

補　論

はじめに

この度、旧著（旧題『だれが信長を殺したのか―本能寺の変・新たな視点―』PHP新書）を、吉川弘文館のシリーズ「読みなおす日本史」の一冊に加えていただくことになった。旧著の刊行は二〇〇七年三月だから、もう十三年以上前になる。

旧著では、織田信長と明智光秀の関係がもっとも良好だった天正八年（一五八〇）以降、両者の関係が徐々に悪化するプロセスを跡づけながら、両者の対立が臨界点に達した要因として、信長による四国政策の転換とそれに伴う一門・少壮旗本衆の優遇という形で進行した分国再編成（谷口克広氏は「近国掌握構想」と位置付ける）によって、長宗我部氏の取次だった光秀は織田家中での勢力後退や地位低下の危機に直面していたのではないかと指摘した。さらにそうした事態を背景としながら、光秀と稲葉一鉄・貞通父子の相論沙汰が起こり、光秀に不利な信長の裁許（折檻事件もあり得たか）があったことが直接的な動機を形成した可能性も指摘した。また光秀が政変の三日前に山陰の国衆（福屋隆兼）に宛てたと推定される書状の発見により、光秀の挙兵の決断がわずか二日前だったのではないかとも指摘した。

一方、この十三年の間に、新史料の発見や研究の進展によって、光秀とその家中の動向や本能寺の変の解明はかなり進んだ。とりわけ、二〇一四年、『石谷家文書』（岡山市・林原美術館所蔵）の発見と、その翻刻本『石谷家文書　将軍側近のみた戦国乱世』（吉川弘文館、二〇一五年）の刊行は大きな画期となった。この小論では、旧著執筆段階では知り得なかった新史料や新知見を踏まえて、補足・修正を加えつつ、本年の拙著『明智光秀と斎藤利三』（宝島社新書、二〇二〇年）も含めながら若干の私見を述べてみたい。

本能寺の変前夜の光秀の地位—織田権力ナンバー2としての自己意識—

光秀と信長の出会いは確実なところでは永禄十一年（一五六八）である。以来、十数年間良好な関係が続いた。その間、織田家中で光秀は飛躍的な地位上昇を遂げていく。本能寺の変に至る直前の光秀の地位の特質をどのように考え、それが本能寺の変とどのような形でリンクするのかという視角から少し考えてみたい。この点は旧著でもあまり論じていなかったので、少し詳しく述べてみたい。

天正七年（一五七九）十月、信長は丹波を平定した光秀に丹波・丹後両国を与えた。翌八年八月、大坂本願寺が降伏すると、信長は同寺攻めの司令官だった佐久間信盛父子の失態を咎めて追放した。その折檻状で、信長は光秀に「丹波国日向守働き、天下の面目をほどこし候」と最大級の賛辞を贈った。その評価は中国でめざましい活躍をした羽柴秀吉よりも優越したほどである。

それを契機に、光秀は「近畿管領」ともいえる畿内担当の方面軍司令官へと昇進した。谷口克広氏によれば、将軍義昭の追放後、織田権力の軍事組織から「方面軍」という複数の国単位で編成され、戦国大名や本願寺・一向一揆など巨大宗教勢力に単独で対抗できる大規模な軍団が成立したという。

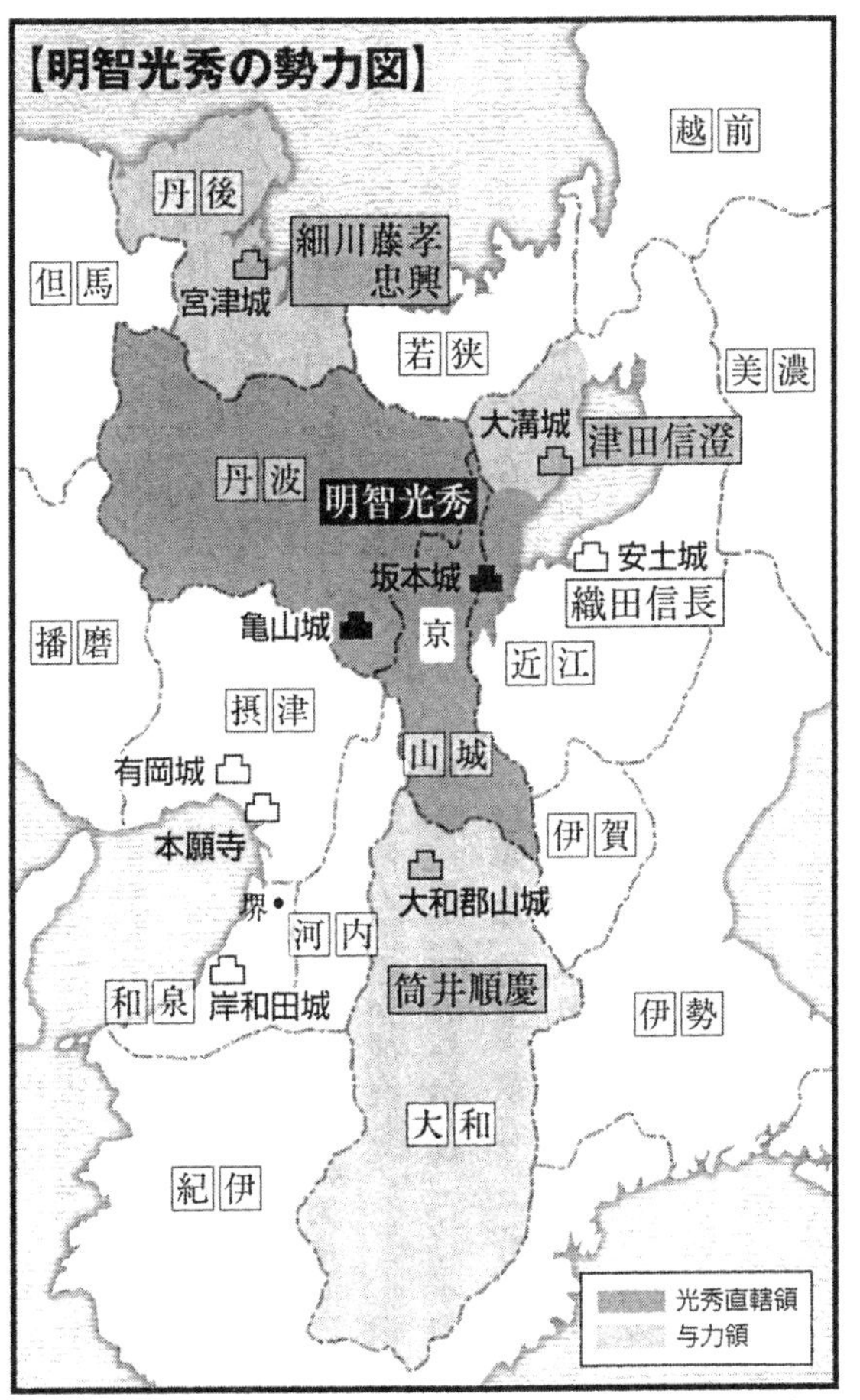

光秀の直轄領と与力領は、畿内の中枢部を支配しており、坂本城と亀山城は、京を東西から守る重要な位置にあった。

それは天正元年（一五七三）に信長嫡男の信忠軍団の成立を皮切りに、北陸の柴田勝家、畿内の佐久間信盛（のち失脚）、中国の羽柴秀吉、東国の滝川一益、四国の神戸信孝（予定）といった一門・譜代重臣が司令官に任命された。

そんななか、外様の光秀が唯一抜擢されたことは異例だったといえよう。しかも、他の司令官が信忠を除いて、織田領国の外縁に配置されたのに比べると、光秀だけが京都や安土周辺に直轄領や与力領を得ており、異質な面をもつ軍団でもあった。最近の拙著『明智光秀と斎藤利三』でも明らかにしたが、光秀の勢力圏は坂本・丹波亀山の二大居城によって京都を東西から包み込む形で立地しており、他の司令官と比べて政権中枢に位置することの優越性からおのずと自己意識が異なっており、光秀は彼ら（信忠・信孝を除く）とは同格ではなく、特別な差異を有していると自覚していたのではないか。

また家中の序列においても、同九年二月の洛中馬揃えの惣奉行をつとめたり、同十年正月、安土への参賀で天皇の行幸を迎える「御幸之御間」の見学を松井友閑とともに最初に許されている。また京都周辺を「天下」と称する当時の社会通念に従えば、光秀は「天下」守護を委託されており、事実上、織田権力のナンバー2だとひそかに任じていたかもしれない。さらにいえば、連歌・和歌や茶湯などの文化的素養においても、里村紹巴をはじめとする連歌師集団、文芸の師匠格とおぼしき細川藤孝、津田宗及などの堺の茶人はむろん、公家・僧侶・豪商たちと文化サロンを形成していた。信長の重臣のなかで宮廷文化や室町文化に相当造詣が深かった。これもまた他の重臣とは異なる光秀の優位性であり、「天下」守護に必要な条件、資格を有していたという自覚をもっていたのではないか。

光秀の地位が頂点に達したのは同八、九年頃である。もっとも、光秀が外様であるだけに、織田家中の一門・譜代衆のなかで孤立的であり、政敵からその急激な出世が嫉妬される一因でもあったと思われる。それはいわゆる四国問題にも反映していた。

四国問題をどう考えるか―『石谷家文書』の発見―

ここでいう四国問題とは、主に織田権力と四国東部（淡路を含む）の諸勢力との交渉や関係とその展開・変化を意味する。本能寺の変に引きつけていえば、長宗我部氏や阿波三好氏（三好康長を含む）の動向を中心に、四国東部（阿波・讃岐）や淡路の情勢に照らしながら、織田権力や明智家中との関係の推移を明らかにすることである。

光秀謀叛の背景に四国問題があると指摘したのは、古くは桑原三郎、高柳光寿の両氏だったが、その後、あまり顧みられることはなかった。その後、旧著ではこの問題にかなり早くから着目して詳しく論じたつもりである。そして近年、『石谷家文書』（いしがいけ）の公表によって、俄然、四国問題が本能寺の変の要因ではないかと注目を浴びるようになった。

四国問題についての論点は多岐に及ぶ。たとえば次のようなものである。

①織田権力の四国政策の展開と変容
②長宗我部氏の織田権力への服属時期やその契機

③長宗我部氏と織田権力の関係悪化の時期とその転機
④織田権力・長宗我部氏の関係構築に光秀と明智家中はどのような形で関与し、本能寺の変直前の状況はどうだったのか。
⑤阿波三好氏の動向と織田権力（明智家中を含む）・長宗我部氏との関係とその変化
⑥羽柴秀吉の淡路・阿波進出の時期と、光秀と対抗関係にあったか。

これらの論点について、諏訪勝則、藤田達生、朝倉慶景、天野忠幸、桑名洋一、尾下成敏、平井上総、中平景介、藤井譲治、中脇聖、森脇崇文などの諸氏が見解を述べている。こうした膨大な研究蓄積によって、四国問題の解明は進展してきた。

ただ、ネックとなっているのは無年号文書の存在である。その年次比定が論者によって異なっているため、右のような論点についての解釈や評価に少なくないズレが生じているのが現状である。

そうした論争のさなかで登場したのが『石谷家文書』だった。元幕府奉公衆だった石谷光政（入道空然）とその養子で幕府奉公衆から光秀家臣に転じた石谷頼辰（よりとき）（斎藤利三の兄）の家に伝来する文書群で、長宗我部元親、斎藤利三のほか、室町幕府の関係者、前関白の近衛前久（さきひさ）、三好長慶（ながよし）の書状など四七点の文書が収録されている。

このなかで、筆者の問題意識に即して、いくつかの論点を寸描してみたい。まず注目するのは、右の年次比定について、いくつかの目安が明らかになり、右の論点も改めて再検討の必要が生じたことである。最近の拙著『明智光秀と斎藤利三』（宝島社新書、二〇二〇年）でも触れている。

ひとつは、元親が信長に対して一子弥三郎への偏諱授与を申し入れて、「信」の一字を賜り、信親と名乗った年次の一件である。従来、それは天正三年（一五七五）だとされていたが、元親が義兄の頼辰に宛てた書状により、三年後の同六年のことだと判明した（『石谷家文書』一八）。同時に偏諱授与は光秀の取次だとされていたが、新たに家老の斎藤利三も関与していたことも明らかになった。これは利三が頼辰の弟であり、元親夫人が同じく義妹にあたっていた関係から、その周旋があったことをうかがわせる。

これは右の②④に関する新事実でもあった。そうであれば、元親が織田権力に接近した時期や契機は何だろうか。旧拙著でも触れていたが、偏諱授与の前年である同五年、土佐国幡多郡の真静寺と長宗我部氏の間で寺領をめぐって相論が起きた（『真静寺所蔵文書』）。真静寺側が京都の本山、妙顕寺に訴えたのをきっかけに、織田権力がこの相論に介入してきた。その奉行は武井夕庵と稲葉重通だった。結局、織田権力の仲裁により、この問題は解決をみた。元親が織田権力に接近するきっかけになったのはこの一件ではないかと推定される。

次に、右の⑤に関わる阿波三好氏の動向についてである。森脇崇文氏は元親の弟で織田権力との交渉に関与していた香宗我部親泰の官途名の変化（安芸守→左近大夫）に着目した。そして、その時期を天正五年末から同七年九月の間に絞り込んだ。その結果、阿波の動静に関わるよく知られた左に掲げる信長朱印状と三好康長（康慶）の副状（親泰宛て、六月十四日付）の年次も再検討を迫られた（『増訂織田信長文書の研究』九二八、参考）。

三好式部少輔の事、此方別心無く候、然して其の面において相談ぜられ候旨、先々相通じるの段、異儀無きの条、珎重に候、猶以て阿州面の事、別して馳走専一に候、猶、三好山城守（康長）申すべく候也、謹言、

六月十二日　　信長朱印

香宗我部安芸守殿

なお、康長の副状は長宗我部氏との入魂を喜びながら、一族の三好式部少輔への指南を望むものだった。

従来、この信長朱印状と康長副状の年次は論者によって天正五年〜九年に分かれ、幅が広く確定していなかった（筆者も同八年説を採っていた）。森脇氏によれば、両書状は同六年に絞れるという。そうだとすれば、元親が信長に服属した時期とほぼ同じである。また康長副状にある「殊更近年の忩劇、無力の仕立てに候」云々の意味もわかる。当時、当主長治を失っていた阿波三好氏の家中は泉州堺にいた弟の十河存保を勝瑞城に招いて家督に据えた。そして存保が反信長、親毛利の態度を示して敵対したことを指すのだろう。同族で信長の家臣となっていた康長は阿波美馬郡の同族式部少輔を味方とした。そして式部少輔が若輩だったので元親に指南を依頼して、ともに連携して存保を屈服させよう

と考えていたと思われる。

この経緯から森脇氏は、当初織田権力は、阿波を本貫地として四国情勢に明るく、式部少輔とも近縁である康長を対長宗我部氏の取次にしていたと指摘している。しかし、そこへ光秀と明智家中が介入してきて競合関係となった。その結果、明智家中が元親と姻戚関係にある強みから取次役を康長から奪う形になったというわけである。

織田権力と長宗我部氏の良好な関係は同九年（一五八一）十一月まで三年余続いた。ところが、同年十一月、突如として信長は康長に阿波・讃岐両国の支配を命じたのである（『志岐文書』）。本能寺の変のわずか半年前である。光秀と元親にとってはまさに青天の霹靂だったに違いない。元親は阿波や讃岐に築いた権益を一方的に反故にされ、光秀は取次である自分の頭越しにこの方針を決定されて面目を潰されたからである。

この突然の方針変更は、畿内平定を実現した信長が対毛利戦争に全力をあげる戦略へと転換したことと関わっていた。同年八月、因幡鳥取城の攻防をきっかけに、信長は光秀や細川藤孝・池田恒興・中川清秀・高山重友などを先手に大攻勢をかけるとともに、九州の大友宗麟や島津義久にも対毛利包囲網に加わることを求めていた（『信長公記』巻十四、藤田達生・福島克彦編『明智光秀』一一三）。

結局、同年秋中の大攻勢は実現しなかったものの、信長が四国の諸勢力もこの対毛利戦争に動員しようと考えていたのは間違いない。それに際して、阿・讃両国では、対立する長宗我部氏と阿波三好氏の勢力は拮抗していたから、この対立を早期に解決するのは困難な情勢にあった。そこで信長は康長を介して三好存保を恭順させる一方、光秀を介して元親を阿波から撤退させればよいと考えたのではなかったか。

そうした両勢力の対立を裏づける出来事があった。前関白の近衛前久によれば、同九年冬、安土において、信長に長宗我部氏を讒言する者がいたという（『石谷家文書』一）。

> 「安土において（元親を）種々悪し様に信長へ申し成し候者（候）て、既ニ事切れのやうに成り候を、われ〳〵達して信長へ元親疎意なき趣を申分、当分（信長も）御納得」

信長に元親を讒言した者は康長かその与党であろう。康長にしてみれば、三年前、光秀に長宗我部氏の取次を奪われたことへの意趣返しだった。前久は親しい元親を擁護したので信長も納得したとするが、信長は決して納得しておらず、逆に康長に阿・讃両国の支配を任せることを決断したのである。

そして年が明けた同十年一月、利三は元親に対して、信長の「御朱印の趣も元親御ため然るべく候、向後までも、惟日（光秀）如在を存ずべからざるの由も申され候間、行々静穏の筋目のたるべく候」として、信長の命令に従うのが元親のためであり、光秀も決して見放さないからこれから先は静穏を保つようにと慰撫につとめた（『石谷家文書』三二）。光秀＝利三は自分たちの面目が潰れながらも、信長の政策転換に元親を従わせようと懸命だった。しかし、元親は「四国の御儀は某が手柄を以て切り取り申す事に候、更に信長卿の御恩たるべき儀にあらず」と不満と怒りを表した（『元親記』）。なお、信長の「御朱印」は現存していないが、おそらく康長に阿・讃両国を与える一方、元親に阿波撤退を命じたものだろう。

元親の窮地を決定的にしたのは、五月七日、信長が三男信孝に宛てた、いわゆる「四国国分」の朱印状である。それは讃岐を信孝に、阿波を康長に与えるとともに、信孝を康長の養子として、近い将来、阿・讃両国を信孝の領国にしようとするものだった。しかも、信長は残りの二カ国（土佐・伊予）の知行主をどうするかを保留していたから、長宗我部氏にとって非常に厳しい内容だった（『増訂織田信長文書の研究』下・一〇五二）。

これは先に見た信長の一門・少壮旗本衆を優遇する分国再配置の一環でもあった。しかし、そのやり方はあまりに一方的で性急だった。金子拓氏によれば、信長は足利義昭の追放後、相次ぐ戦争継続も領土拡張欲ではなく、あくまで「天下静謐」という政治理念に沿って慎重に行動していたという。そうした観点からみると、同十年になって武田氏討伐から中国・四国攻めへと移るのはあまりに性急すぎ、とくに五月の四国攻めの決断は、「天下静謐」の理念をみずから否定してしまったも同然だと指摘している。

そうした信長の性急さ、強引さが光秀の面目を潰し、元親の怒りを呼び起こしてしまったのである。ではなぜ信長がそうなったのか。下世話な言い方をすれば、信孝可愛さの「親バカ」だったのではないか。信孝は二人の兄（信忠・信雄）よりも格下にされ冷遇されていたからである。光秀や元親がその犠牲になったとすれば、謀叛や離反の動機付けになったとしてもおかしくない。いずれにせよ、信長が康長に信孝を託してその後ろ盾になったことにより、光秀・元親側の政治的な敗北は明らかだった。それは同時に、⑥光秀と秀吉との対抗関係という論点は少なくとも主要な問題ではなく、むしろ光秀＝元親と信孝＝康長の対抗関係こそが重要な論点であることを示している。その結果、信長の強引な分国再配置政策によって、割を食う形になった光秀との軋轢を激化させることにもなった。

それでも、光秀＝利三はなおも石谷頼辰を派遣して元親の説得にあたっていた。五月下旬、元親もようやく折れて条件付きながら、改めて信長への帰属を約束した（『石谷家文書』一九）。元親は康長のみならず信孝の大軍が阿波に渡海してくることを知って太刀打ちできないことを悟り、いったん服属を示したうえで、光秀＝利三を介した信長との平和的な交渉に期待をかけたからだと思われる。

だが、追い打ちをかけるように光秀＝利三にはもうひとつの難題が待ち構えていた。

光秀「折檻」事件はあったか—稲葉家との相論が意味するもの—

四国問題の矛盾・対立が激しくなった前後、光秀＝利三は新たな難問にぶつかる。美濃三人衆の一人、稲葉一鉄・貞通父子から信長に訴訟が持ち込まれたことである。旧著でも紹介しているが、その内容は、同家家老で光秀に転仕した那波直治（なんばなおはる）の帰参を要求するものだった。信長の裁許は那波を稲葉家に帰参させるというもので、光秀の敗訴だった。

この稲葉家との相論と信長の裁許については拙著『明智光秀と斎藤利三』で詳述しているので、そちらに譲るが、いくつか指摘しておきたい。

この相論沙汰の経緯は『稲葉家譜』巻四に書かれている。加えて同家の家伝文書として、堀秀政書状二点（五月二十七日付、稲葉貞通・那波直治宛て）を引用して家譜の記事を補強していることに大きな特徴があり、この相論が実在したことを裏づけている。

そして注目すべきは、信長が光秀の頭を二、三度叩いて折檻したとあることと、利三に自刃を命じたとされることである。信長の折檻については、ルイス・フロイスの『日本史』5にも書かれており、折檻の有無についても有り得た可能性が高い。なお、折檻事件については、『本朝通鑑続編』、『武辺咄聞書』、細川家の宇土家譜『忠興公譜』にも似たような記事があることを、谷口克広・金子拓両氏が指摘している。さらに江戸時代初期、加賀前田家の兵法家だった関屋政春の『政春古兵談』にも折檻の記事があることを拙著『明智光秀と斎藤利三』で紹介した。

信長の折檻方法は史料によって違うが、事件から十年後に書かれて成立の早い『日本史』5に記事があるのは、やはり無視できないだろうと考えている。また、その時期については、信長の甲斐武田攻めの三月頃と安土城での徳川家康接待の頃（五月中旬）の二説に分かれるが、『日本史』5を尊重すれば、後者が有力だと推定している。

この事件は信長の折檻の有り様がどうしても注目されるが、問題はそれよりも、信長と光秀の軋轢を示していることである。光秀が敗訴して那波の稲葉家再帰参を認めざるをえなかったことと、利三への自刃命令である（のち猪子兵介の取り成しで助命とされる）。この事件の真相や核心を明らかにするのは、まだ史料が不足しているため、堀秀政書状二点をはじめ、比較的信頼できるいくつかの史料によって、事件の外堀を埋めながら本丸に迫るという方法を採るしかないと考えている。

そうした観点から注目されるのは、本当に利三が信長から自刃を命じられたのかという点である。それについては『当代記』巻二に、山崎合戦後、利三が処刑された場面で次のように書かれていることが注目される。

「此内蔵介（利三）は信長勘当の者なりしを、近年明知隠して抱置」

利三が信長に勘当されたというのは、『稲葉家譜』の記事を裏付けるものだろう。助命はされたものの、無罪ではなかったということだと思われる。しかも、光秀が利三を追放しないでひそかに庇護していたというのであれば、光秀は信長の裁定に不満があり、従わなかったということになる。

ところで、ともに稲葉家を出た利三と那波に処分の軽重が生じたのはなぜだろうか。それはおそらく先に光秀に仕えた利三がかつての朋輩だった那波をあとから引き抜いたからだと考えられる。信長はその点を重大視して死罪を命じたのだろう。

さらに二人が光秀に仕えた事情を推定すれば、もともと牢人から出発している光秀は根本被官というべき古参の家来が少なかったため、所領の拡大につれて、外部から有力家臣を引き抜かざるをえなかったと考えられる。『武辺咄聞書』に、信長の折檻に対して「日向（光秀）申し上ぐるは、三十万石の大禄を下され候えども、身の欲に仕らず、よき兵を抱え候は、偏に（信長への）御奉公の為なり」と、光秀が釈明する場面がまさにそれにあたるだろう。

利三が光秀に仕えたのは、早ければ元亀年間（一五七〇〜七三）だと推定され、光秀が近江志賀郡と山門領を与えられて所領が拡大した時期にあたる。那波の仕官時期は少し下って、天正八年（一五八〇）以降だと思われ、光秀が丹波・丹後を与えられた時期にあたる。しかも、同九年には信長の対毛利戦争が発動され、光秀は先手をつとめる予定だった。光秀は国持大名となってから初めての実戦だったから、それにふさわしい家臣団を増強するために多数の家臣を召し抱える必要があった。那波のスカウトはそうした事情から、利三の主導で強行されたのではないだろうか。

光秀「折檻」事件は、信長の家臣統制の矛盾が表出したものであり、光秀側から見ると、信長への奉公（当面の対毛利戦争への従軍）のための家臣団強化策が信長の上からの厳しい統制によって頓挫させられることになったと評することもできる。しかも、信長からいったん死罪を命じられた利三の信長への怨恨や憎悪も想像するに難くない。

他の要因として、光秀＝利三を中心とした明智家中が一気に謀叛へと飛躍できたのも、光秀と与力（細川藤孝や筒井順慶）の領国が京都周辺＝「天下」にあるという客観条件に恵まれていたからだといえるだろう。

最後に、旧著では明らかに検討不足だったり、錯覚していた問題も付記しておきたい。章と小見出しだけを挙げると、次の三点である。訂正、削除したいのはやまやまだが、旧著の原形を保つため、そのままにしてある。

①第二章２　織田権力と大津御所体制
②第四章１　稲葉家中での利三の地位
③第五章１　六月一日は日蝕だった

①については中脇聖氏の論考を参照していただきたい。②で斎藤利三が三好家中の松山新介の家来になっていると、天野忠幸氏が指摘している。③は遠藤珠紀氏からの指摘があり、私も別稿で改めて修正を加えていることも付け加えておきたい。

【参考論著】（著者名の五十音順）

朝倉慶景「長宗我部政権の特質について」『土佐史談』二一五号　二〇〇〇年
天野忠幸「三好氏の権力基盤と阿波国人」『年報中世史研究』三一号　二〇〇六年
同　　右『三好一族と織田信長』戎光祥出版　二〇一六年
遠藤珠紀「天正十年の改暦問題」東京大学史料編纂所編『日本史の森をゆく』中公新書　二〇一四年
尾下成敏「羽柴秀吉勢の淡路・阿波出兵―信長・秀吉の四国進出過程をめぐって―」『ヒストリア』二一四号　二〇〇九年

金子　拓『織田信長〈天下人〉の実像』講談社現代新書　二〇一四年
桐野作人「本能寺の変で消えた、信長の真意―当年閏月問題、日蝕はあったのか？―」『歴史読本』二〇一三年十二月号
同　右『明智光秀と斎藤利三―本能寺の変の鍵を握る二人の武将―』宝島社新書　二〇二〇年
桑名洋一「長宗我部氏の讃岐進攻作戦に関する一考察」『四国中世史研究』九号　二〇〇七年
桑原三郎「本能寺の変の一起因―信長と光秀の勢力軋轢について―」『歴史地理』七三巻三号　一九三九年
諏訪勝則「織豊政権と三好康長―信孝・秀次の養子入りをめぐって―」『戦国織豊期の政治と文化』米原正義先生古稀記念　続群書類従完成会　一九九三年
高柳光寿『明智光秀』人物叢書　吉川弘文館　一九五八年
谷口克広『信長軍の司令官』中公新書　二〇〇五年
同　右『信長の親衛隊』中公新書　一九九八年
中平景介「天正前期の阿波をめぐる政治情勢―三好存保を中心に―」『戦国史研究』六六号　二〇一三年
中脇　聖「信長は、なぜ四国政策を変更したか」『信長研究の最前線』歴史新書y　日本史史料研究会編　二〇一四年六月号
同　右「土佐一条兼定権力の特質について」『十六世紀史論叢』二号　十六世紀史論叢刊行会編　二〇一三年
平井上総「津田信張の岸和田入城と織田・長宗我部問題」『戦国史研究』五九号、二〇一〇年
藤井譲治「阿波出兵をめぐる羽柴秀吉書状の年代比定」『織豊期研究』一六号　二〇一四年

藤田達生「織田政権から豊臣政権へ―本能寺の変の歴史的背景―」『年報中世史研究』二一号　一九九六年
森脇崇文「織田・長宗我部関係の形成過程をめぐる一考察―「香宗我部家伝証文」所収の織田信長・三好康長書状の分析を中心に―」徳島地方史研究会『史窓』四八号　二〇一八年

本書の原本は、二〇〇七年にＰＨＰ研究所より刊行されました。

著者略歴
一九五四年　鹿児島県生まれ
立命館大学文学部東洋史学専攻卒業、歴史関係出版社編集長、編集プロダクション代表を経て
現　在　歴史作家、武蔵野大学政治経済研究所客員研究員

〔主要著書〕
『織田信長 戦国最強のカリスマ』(KADOKAWA、二〇一四年)、『龍馬暗殺』(吉川弘文館、二〇一八年)、『明智光秀と斎藤利三』(宝島社、二〇二〇年)

読みなおす日本史

本能寺の変の首謀者はだれか
信長と光秀、そして斎藤利三

二〇二〇年(令和二)十二月一日　第一刷発行

著　者　桐野作人(きりのさくじん)
発行者　吉川道郎
発行所　株式会社吉川弘文館
郵便番号一一三―〇〇三三
東京都文京区本郷七丁目二番八号
電話〇三―三八一三―九一五一〈代表〉
振替口座〇〇一〇〇―五―二四四
http://www.yoshikawa-k.co.jp/
組版＝株式会社キャップス
印刷＝藤原印刷株式会社
製本＝ナショナル製本協同組合
装幀＝渡邉雄哉

ISBN978-4-642-07131-4

刊行のことば

現代社会では、膨大な数の新刊図書が日々書店に並んでいます。昨今の電子書籍を含めますと、一人の読者が書名すら目にすることができないほどとなっています。ましてや、数年以前に刊行された本は書店の店頭に並ぶことも少なく、良書でありながらめぐり会うことのできない例は、日常的なことになっています。

人文書、とりわけ小社が専門とする歴史書におきましても、広く学界共通の財産として参照されるべきものとなっているにもかかわらず、その多くが現在では市場に出回らず入手、講読に時間と手間がかかるようになってしまっています。歴史の面白さを伝える図書を、読者の手元に届けることができないことは、歴史書出版の一翼を担う小社としても遺憾とするところです。

そこで、良書の発掘を通して、読者と図書をめぐる豊かな関係に寄与すべく、シリーズ「読みなおす日本史」を刊行いたします。本シリーズは、既刊の日本史関係書のなかから、研究の進展に今も寄与し続けているとともに、現在も広く読者に訴える力を有している良書を精選し順次定期的に刊行するものです。これらの知の文化遺産が、ゆるぎない視点からことの本質を説き続ける、確かな水先案内として迎えられることを切に願ってやみません。

二〇一二年四月

吉川弘文館

読みなおす
日本史

日本の奇僧・快僧　今井雅晴著　二二〇〇円

平家物語の女たち　大力・尼・白拍子　細川涼一著　二二〇〇円

戦争と放送　竹山昭子著　二四〇〇円

「通商国家」日本の情報戦略　領事報告を読む　角山　榮著　二二〇〇円

日本の参謀本部　大江志乃夫著　二二〇〇円

宝塚戦略　小林一三の生活文化論　津金澤聰廣著　二二〇〇円

観音・地蔵・不動　速水　侑著　二二〇〇円

飢餓と戦争の戦国を行く　藤木久志著　二二〇〇円

陸奥伊達一族　高橋富雄著　二二〇〇円

日本人の名前の歴史　奥富敬之著　二四〇〇円

お家相続　大名家の苦闘　大森映子著　二二〇〇円

はんこと日本人　門田誠一著　二二〇〇円

城と城下　近江戦国誌　小島道裕著　二四〇〇円

江戸城御庭番　徳川将軍の耳と目　深井雅海著　二二〇〇円

戦国時代の終焉　「北条の夢」と秀吉の天下統一　齋藤慎一著　二二〇〇円

中世の東海道をゆく　京から鎌倉へ、旅路の風景　榎原雅治著　二二〇〇円

日本人のひるめし　酒井伸雄著　二二〇〇円

隼人の古代史　中村明蔵著　二二〇〇円

飢えと食の日本史　菊池勇夫著　二二〇〇円

蝦夷の古代史　工藤雅樹著　二二〇〇円

天皇の政治史　睦仁・嘉仁・裕仁の時代　安田　浩著　二五〇〇円

日本における書籍蒐蔵の歴史　川瀬一馬著　二四〇〇円

吉川弘文館
（価格は税別）

鎌倉幕府の転換点 『吾妻鏡』を読みなおす
永井 晋著 二二〇〇円

奈良の寺々 古建築の見かた
太田博太郎著 二二〇〇円

日本の神話を考える
上田正昭著 二二〇〇円

信長と家康の軍事同盟 利害と戦略の二十一年
谷口克広著 二二〇〇円

軍需物資から見た戦国合戦
盛本昌広著 二二〇〇円

武蔵の武士団 その成立と故地を探る
安田元久著 二二〇〇円

天皇家と源氏 臣籍降下の皇族たち
奥富敬之著 二二〇〇円

卑弥呼の時代
吉田 晶著 二二〇〇円

皇紀・万博・オリンピック 皇室ブランドと経済発展
古川隆久著 二二〇〇円

日本の宗教 日本史・倫理社会の理解に
村上重良著 二二〇〇円

戦国仏教 中世社会と日蓮宗
湯浅治久著 二二〇〇円

伊達政宗の素顔 筆まめ戦国大名の生涯
佐藤憲一著 二二〇〇円

武士の原像 都大路の暗殺者たち
関 幸彦著 二二〇〇円

海からみた日本の古代
門田誠一著 二二〇〇円

鳴動する中世 怪音と地鳴りの日本史
笹本正治著 二二〇〇円

本能寺の変の首謀者はだれか 信長と光秀、そして斎藤利三
桐野作人著 二二〇〇円

餅と日本人 「餅正月」と「餅なし正月」の民俗文化論
安室 知著 (続 刊)

古代日本語発掘
築島 裕著 (続 刊)

夢語り・夢解きの中世
酒井紀美著 (続 刊)

食の文化史
大塚 滋著 (続 刊)

後醍醐天皇と建武政権
伊藤喜良著 (続 刊)

吉川弘文館
(価格は税別)